Rudolf Steiner
Wenn die Erde Mond wird

Rudolf Steiner
Wenn die Erde Mond wird

Wandtafelzeichnungen zu Vorträgen
1919–1924
mit ausgewählten Texten

Herausgegeben von
Walter Kugler
Mit einem Vorwort von
Walter Dahn und Johannes Stüttgen

DuMont Buchverlag Köln

Umschlagabbildung: Wandtafelzeichnung von Rudolf Steiner
aus seinem Vortrag vom 1. 12. 1923 in Dornach

Die Deutsche Bibliothek - CIP-Einheitsaufnahme

Steiner, Rudolf:
Wenn die Erde Mond wird: Wandtafelzeichnungen zu Vorträgen; 1919–1924;
mit ausgewählten Texten / Rudolf Steiner.
Hrsg. von Walter Kugler. Mit einem Vorwort von Walter Dahn und
Johannes Stüttgen. / Köln: DuMont, 1992
ISBN 3-7701-2930-X
NE: Kugler, Walter [Hrsg.]

Reproduktion: Scan Studio GmbH, Gundelfingen
Satz, Druck und buchbinderische Verarbeitung: Boss-Druck, Kleve

Printed in Germany ISBN 3-7701-2930-X

INHALT

DIE SELBSTVERSTÄNDLICHKEIT EINES SCHMETTERLINGSFLÜGELS
Entwürfe für ein Vorwort
(Walter Dahn/Johannes Stüttgen) 7

SPRACH-BILDER
Einige Anmerkungen zu den Wandtafelzeichnungen und ihrer Entstehungsgeschichte
(Walter Kugler) 13

WANDTAFELZEICHNUNGEN ZU VORTRÄGEN 1919–1924
Der Mensch als Zusammenklang des schaffenden, bildenden und gestaltenden Weltenwortes 17

Das Miterleben des Jahreslaufes in vier kosmischen Imaginationen 59

Mysteriengestaltungen 71

Die Weltgeschichte in anthroposophischer Beleuchtung / Mysterienstätten des Mittelalters / Esoterische Betrachtungen karmischer Zusammenhänge / Das Initiaten-Bewußtsein 83

Geisteswissenschaft als Erkenntnis der Grundimpulse sozialer Gestaltung / Die Erziehungsfrage als soziale Frage / Nationalökonomischer Kurs 101

Die Erkenntnis des Menschenwesens nach Leib, Seele und Geist. Über frühe Erdzustände / Mensch und Welt. Das Wirken des Geistes in der Natur. Über das Wesen der Bienen / Die Schöpfung der Welt und des Menschen. Erdenleben und Sternenwirken 111

Heilpädagogischer Kurs / Geisteswissenschaftliche Grundlagen zum Gedeihen der Landwirtschaft / Sprachgestaltung und Dramatische Kunst 125

QUELLENNACHWEIS DER WANDTAFELZEICHNUNGEN UND TEXTAUSZÜGE 135

RUDOLF STEINER. LEBEN UND WERK. EINE CHRONIK 147

Walter Dahn/Johannes Stüttgen

DIE SELBSTVERSTÄNDLICHKEIT EINES SCHMETTERLINGSFLÜGELS

Entwürfe für ein Vorwort

I.

1) Mein erster Eindruck beim Entdecken der Steiner-Tafeln ist geprägt durch die große Überraschung: die *Modernität* dieser jahrzehntelang abgetauchten Dinge. Ich fühlte mich augenblicklich an die *modernste* Kunst erinnert. Beim Blick auf die Datierung traf mich fast der Schlag.
Ich spürte sofort: hier wird etwas Wichtiges für die heutige Kunst gezeigt (die sich in einer Krise befindet).

2) Der nächste Gedanke: ich bin auf Zeichen gestoßen, die signalisieren, daß es sich hierbei um etwas Komplexes und Umfassendes handelt - Stichtwort: erweiterter Kunstbegriff/erweiterter Wissenschaftsbegriff.

3) Widerspruch: diese Tafeln sind gar keine Tafeln, sondern schwarzes Papier!
Was heißt das?
Erst als die Wichtigkeit der Tafeln erkannt worden war (die erste: Emma Stolle, 1871-1956), wurden sie auch konserviert, und zwar aus zwei Gründen:
- Archivierung
- die Idee, daß diese Tafeln für viel mehr Menschen interessant sind als nur für die, die sich jetzt gerade bei dem betreffenden Vortrag befinden (diese selbst sind eine Vorhut).

4) Neuer Blick auf Beuys - neuer Blick durch Beuys auf Steiner!

5) Steiner/Beuys - voneinander unabhängige Quellen!
das Denken - die höheren Formen des Denkens
die Imagination
die Inspiration
die Intuition

6) Konfrontation der beiden (einseitigen) Felder:
Anthroposophie - Kunst
Inhalte - Formen
Blitzartiger Gedanke: Steiner nicht nur lesen, Steiner ausstellen!
Die Tafeln müssen öffentlich ausgestellt werden!

7) Das Hervorstechende der Tafelzeichnungen: ihre Kargheit (Reduziertheit), die Genauigkeit der Zeichen, der Begriffe.
Die Ausdruckskraft und Breite der eingesetzten Mittel (- das Kristallklare, das Malerisch-Sphärische usw.). Alles andere weckend als Assoziationen an sogenannte »anthroposophische Kunst« (z. B. durch die Badewanne gezogene Aquarelle).
Aufruf an die Anthroposophen, sich jetzt (oder aufs neue) mit *Kunst* - mit Cezanne, van Gogh, Munch, Marc, Kandindsky, Mondrian, Malewitsch, Picasso, Duchamp, Pollock, Warhol (Elvis Presley), dem erweiterten Kunstbegriff, Steiner -
zu konfrontieren, auseinanderzusetzen!
Der neue Einstieg
- für die Künstler (Kunstkreise) in die Ideenwelt
- für die Anthroposophen in die modernste Kunst.

8) hier und jetzt: was ist?

9) Das Borges-Zitat.
»*Die Wärmewesen*
Dem Visionär und Theosophen Rudolf Steiner wurde offenbart, daß unser Planet, bevor er zu der Erde wurde, die wir

kennen, eine Sonnenstufe und vorher eine Saturnstufe durchlaufen hat. Der Mensch besteht jetzt aus einem physischen Leib, einem Ätherleib, einem Astralleib und einem Ich; zu Beginn der Saturnstufe oder des Saturnzustandes war er lediglich ein physischer Leib. Dieser Leib war nicht sichtbar und nicht einmal fühlbar, denn zu jener Zeit gab es auf der Erde weder feste Körper noch Flüssigkeiten noch Gas. Es gab lediglich strahlende Wärme, Wärmekörper. Die Lichtspiele bestimmten im kosmischen Raum verschiedenartige Formen; jeder Mensch war ein Wesen, das nur in Wärme bestand. Nach der Aussage Rudolf Steiners war der Mensch der Saturnstufe ein blindes, taubes und unkörperliches Gebilde. ›Für den geisteswissenschaftlichen Forscher ... ist Wärme ... eine noch feinere Substanz als ein Gas ...‹, lesen wir auf einer Seite des Werkes *Die Geheimwissenschaft im Umriß*. Vor der Sonnenstufe beseelten Feuergeister oder Archangeloi (Erzengel) die Leiber jener ›Menschen‹, die zu flimmern und zu glänzen begannen.
Hat Rudolf Steiner diese Dinge geträumt? Hat er sie geträumt, weil sie einmal, zu Anfang aller Zeiten, geschehen sind? Es steht jedenfalls fest, daß sie viel erstaunlicher sind als die Demiurgen und Schlangen und Stiere anderer Kosmogonien.«
(zit. aus: Jorge Luis Borges und Margarita Guerreo »Einhorn, Sphinx und Salamander. Ein Handbuch der phantastischen Zoologie«, aus dem Spanischen übertragen von Ulla de Herrera, München 1964, S. 132)

10) Mir imponierte die Radikalität Walter Kuglers: entweder alle Tafeln veröffentlichen oder gar keine (selbst wenn nur ein waagerechter Strich drauf sei!).

11) Die Vorstellung beim allerersten Schauen auf die Tafeln, einen *Schatz* in den Händen zu halten, zu heben! Etwas, das noch nie gesehen wurde, was aber etwas ungeheuer Wertvolles für die momentane Diskussion auch in der Kunst (nach der Moderne und - gottseidank - nach der Postmoderne) bringt (= die Kunst nach den Begriffen!).

12) Hier treffen wir auf DENKZEICHEN - diese spontane Niederschrift, die so viel sicheres, ruhiges, verinnerlichtes Wissen zur Voraussetzung hat, um so sein zu können.

13) Man fühlt sich in das Geschehen, das Gespräch, den Dialog hineinversetzt, hineingezogen -
- und was ist *Kunst* anderes, als in den Dialog über die anstehenden Gestaltungsfragen in Freiheit, in der Wirklichkeit, einzutreten?

II.

Die bei den Vorträgen entstandenen Tafelzeichnungen Rudolf Steiners sind öffentlich bisher nicht in Erscheinung getreten und immerhin jetzt schon um die siebzig Jahre alt. Dieses Alter sieht man ihnen nicht an - im Gegenteil, wenn man es nicht wüßte, hielte man nicht wenige von ihnen für besonders aktuelle Bekundungen aus der jüngsten Gegenwart. Diese frappierende Aktualität und das siebzig Jahre lange Abgetauchtsein der Tafeln hängen natürlich miteinander zusammen: was jetzt (erst) an der Reihe ist, hatte vorher keinen Platz. Bleibt dann die Frage, wieso es damals schon entstanden ist. Das, was die Substanz dieser Tafeln und ihre Erscheinung ausmachen, war seiner Zeit, da es entstand, voraus. Es nützte überhaupt nichts, daß Rudolf Steiner das selbst sehr genau wußte und auch oft genug ausgesprochen hat, und es hat schon gar nichts genützt, wenn man es ihm glaubte. Ein solcher Glaube - hierin liegt sein Geheimnis - trägt sogar noch zur Verzögerung bei, allerdings auch - das gehört zu dem Geheimnis mit dazu - zur Rettung solcher Dinge, wie der Tafeln hier. Nicht unterschlagen werden darf in diesem Zusammenhang der Hinweis, daß man die Angelegenheit geradeso auch umgekehrt sehen kann, nämlich daß die Zeit den großen Impulsen hinterherhinkt, und daß das mit den fürchterlichsten Katastrophen verbunden ist, an denen es in diesem Jahrhundert ja wahrhaftig nicht gemangelt hat. Oder sind sie, diese Katastrophen, selbst wenn sie (wie bei Steiner nachweisbar geschehen) vorausgesagt werden, nicht Folge der Nichtbeachtung, sondern Bedingung der Beachtung? Beide Versionen, nur gründlich genug weitergedacht, eröffnen gerade in ihrer Gegensätzlichkeit und gemeinsam einen Einblick in die tieferen Schichten der Seelen und ihre Entwicklung (Evolution), in das Wesen von Zeit und Überzeit und damit genau in das bisher immer Verdeckte, wofür eben die hier vorgestellten Schautafeln Steiners ein Zeichen sind und wovon sie Kunde geben.

Bleiben wir aber noch einen Moment bei dem Punkt, daß diese Tafeln praktisch siebzig Jahre lang öffentlich ausgeblendet waren. Gerade im Hinblick auf ihre spezifische Herkunft und die Kreise und Personen, von denen sie ja als Tafeln überhaupt sofort nach ihrer Herstellung (ganz gegen die Regel einer Schultafel, und gegen diese dann auch durch schwarzes Papier vertauscht) konserviert und siebzig Jahre über sorgfältig bewahrt worden sind, wäre die Erklärung, nach der die Tafeln für diesen Zeitraum bewußt zurückgehalten worden seien, nicht ohne Reiz. Praktiken solcher Art und das Prinzip der planmäßigen Verdeckung (die etwas anderes als Verschleierung ist) sind in diesen Kreisen ja nicht unbekannt, und nicht zuletzt Steiner selbst hat das Thema dieser okkulten Technik immer wieder in seinen Vorträgen behandelt (womöglich unter Hinzuziehung von Zeichnungen an der Tafel). Dennoch neige ich nicht zu dieser Erklärung, die im übrigen für zeitgenössische Außenstehende - oder muß es hier heißen: Nichteingeweihte? - immer etwas anrüchig ist. Ich denke vielmehr, daß für das siebzig Jahre lange Untertauchen der Tafeln vor allem zwei Gründe verantwortlich sind. Erstens, daß diese Tafeln nicht eigentlich für sich stehen, sondern aufs engste an den jeweiligen Unterrichtsstoff und seinen Vortrag, den sie ja zur Veranschaulichung als Parallelaktion begleitet haben, gebunden und ohne dessen Kenntnis so gut wie gar nicht entschlüsselbar sind. Zweitens, daß das im Falle Rudolf Steiners, des Begründers der »anthroposophisch orientierten Geisteswissenschaft«, sogar doppelt gilt, weil hier schon der Vortragsstoff selbst - und dies infolge des Anspruchs auf Wissenschaftlichkeit nur um so mehr - für das zeitgenössische Bewußtsein damals und heute ein einziges Rätsel - um nicht zu sagen: eine Zumutung - bleibt. Das erste ist wohl der Hauptgrund für die Nichtauf-

III.

Was eine Schultafel ist, und wie die Notizen, Diagramme und Bilder auf ihr zustandekommen, weiß jeder von Kind an. Diese dienen der Veranschaulichung bestimmter Schritte und Aspekte eines mündlich vorgetragenen Unterrichtsstoffs auf einfache Art, und die Tafel selbst stellt dafür die Unterlage dar. Das auf ihr für die Zeit des Vortrags zeitgleich in Parallelaktion Fixierte ist direkt an ihn und seinen Ablauf gebunden. Von dem Kontext losgelöst verliert die Tafelzeichnung nach kürzester Zeit auch ihren Grund; es gehört zu ihr wie zur Natur der Tafel, daß sie bald wieder ausgewischt wird. Selbst für den Fall, daß das nicht geschähe, änderte das nichts. Das Verhältnis von Tafel und der Kreidezeichnung auf ihr beruht auf der Verbindung zweier Zeiteinheiten, einer beständigen und einer befristeten, einer universalen, gleichförmigen, alles überdauernden und einer flüchtigen, zum kurzen Verweilen und wieder Vergehen bestimmten. Es ist immer die geheimnisvolle Berührung eines Besonderen mit einem Allgemeinen, lichter Bewußtseinsmomente mit der unbewegten, dunklen Unterlage. Was dieses Zusammentreffen des Lichten mit dem Dunklen betrifft, verdanken wir einen besonders erhellenden und delikaten Hinweis Rudolf Steiner. Er bezieht sich auf den für die imaginative Einprägsamkeit von Tafelzeichnungen so wichtigen Umstand der Negativ-Positiv-Verkehrung, nämlich daß hier, nicht wie gewöhnlich bei Zeichnung und Schrift, die Unterlage dunkel ist und das auf ihr jeweils erscheinende Bild, die Striche, Linien und Punkte, hell. Steiner vergleicht diese Zuordnung mit jener der Sterne am nächtlichen Firmament und streicht die ihr eigentümliche, besonders starke Stimulanz zur Betätigung des Denksinns heraus.

nahme dieser Tafeln in den Kunstkontext dieses Jahrhunderts, das zweite für ihre (genauer: ihres Stoffs) Nichtaufnahme in den Wissenschaftsdiskurs. Beide Faktoren zusammen – ein dritter, nämlich der sich auf das Religiöse bezieht, sei hier zurückgestellt – führen, weil sie einen Epochensinn im ganzen betreffen, ins Abseits oder in den Untergrund – man muß hinzufügen: bis jetzt. Denn dieser Ausschluß war befristet, sowohl im Hinblick auf die Kunst, als auch im Hinblick auf den Wissenschaftsbegriff.

Daß sich der Sinn für diese Schautafeln immer mehr öffnet, wurde schon erwähnt. Diese zunehmende Aktualität wiederum ist ein Indiz für eine am Ende des Jahrhunderts sich vollziehende, grundlegende Metamorphose der Begriffe von Wissenschaft und Kunst, welche sich naturgemäß im Felde der Kunst als erstem zeigt. Wir alle sind als Zeitgenossen Betreiber und Betroffene dieser Feldveränderung, aber auch ihre Widerstände. Um sofort ein vielleicht naheliegendes Mißverständnis auszuräumen: die Aktualität der Steinerschen Tafelzeichnungen hat nicht das Geringste mit dem seit geraumer Zeit in unseren Breiten grassierenden Trend zur Irrationalität und Esoterik (New Age) zu tun, was man übrigens mit einem Blick sehen kann. Diese im Prinzip wissenschaftsfeindlichen (-gläubigen) und kunstfeindlichen, bewußtseinsverflüchtigenden oder -verhärtenden Strömungen verlangen in ihren Darstellungen nach semantischer Eindeutigkeit oder ornamentalem Gehabe, nach Illustration, vordergründiger Abbildhaftigkeit im naturalistischen Sinne oder nach symbolistischen Klischees, nach Suggestion, Obsessivität und Magie. Nichts von alledem ist auf den Steiner-Tafeln zu haben, sondern so sehr das Gegenteil, daß einen, der sich im anthroposophischen Kontext etwas auskennt, die Ahnung überkommt, hier geriete die (vorhin angeführte) doppelte Nicht-Entschlüsselbarkeit buchstäblich zur direkten Offenbarung, die doppelte Negation also in eine überraschende Form von positiver, unmittelbarer Wahrnehmung. Wer nämlich diese Zeichnungen anschaut, ohne ihren Vortragshintergrund zu kennen, erhält gerade aus diesem Mangel heraus eine innerlich-seelische Gewißheit der hier waltenden Stimmigkeit, die ihm als das glatte Gegenteil von Sektiererei, Dogmatismus, Zwanghaftigkeit und Obskurantismus erscheint. Genau diese unmittelbare, ins Auge springende Stimmigkeit oder spielerische Präzision, die beispielsweise dem Kreideauftrag auf den dunklen Pappen die Selbstverständlichkeit eines Schmetterlingsflügels verleiht, ist es, die man im Tiefsten seines Herzens als die Gewähr für die wahre Wissenschaft annimmt und vorläufig Kunst nennt – ja, Kunst nennen muß! Denn jede dieser Tafeln steht im höchsten Rang dessen, was in der Moderne, z. B. der modernen Malerei, an Maßstäben gesetzt worden ist, und an dem der zeitgenössische Sinn längst partizipiert. Die hier in Aktion getretene Freiheit und Sicherheit im Hinblick auf Farbe, Formen, Proportionalität und Bewegung befinden sich auf der Höhe der Kunst. Und das ist es, was man nun nach der Moderne und siebzig Jahren jetzt auch sieht. Aber es ist da ja noch mehr, sagt man sich unwillkürlich; man weiß (oder spürt) ja schließlich, daß es sich hierbei nicht um abstrakte Bilder, sondern um Demonstrationen von Inhalten handelt, die von ihrem Protagonisten als ›Forschungsergebnisse‹ bezeichnet werden.

Gerade dieses sonderbare »Mehr«, das von der Kunst in Richtung Wissenschaft zielt, bewegt uns heute ganz entschieden. Denn dieses »Mehr« fehlt uns zwischen Kunst und Wissenschaft als die allesentscheidende Substanz elementar, ohne welche die Kunst zu verkümmern beginnt und die Wissenschaft blind bleibt (oder immer blinder wird). Man ist im Blick auf diese Tafel-

So lose die Kreidezeichnung mit der Tafel verbunden ist, so fest gebunden ist sie an den Vortrag, den Lehrstoff, die Idee, die Begriffe. Es ist, als bedinge die eine Form der Verbindung die entgegengesetzte andere, die feste Ideenhaftung die lose an der Tafel. Ein beziehungsreiches Gefüge dreier Größen tut sich da auf: die Tafel als von den auf ihrer Fläche erscheinenden, stetig wechselnden Zeichen und Bildern unabhängiges, und dennoch ihnen ja dienendes Instrument. Dann die Idee oder die Begriffe, denen wiederum sie, diese Zeichen und Bilder zu Diensten sind, und die nicht weniger als die Tafel, aber auf andere Weise, unabhängig bleiben von dem, was sich da in Kreide niederschlägt. Das eine und das andere also, die Tafel und die Idee, als, wenn auch in unterschiedlicher Weise, Kontinuität, und zwischen beiden die Zeichnung – und sie, wie die Tafel, wenn auch in unterschiedlicher Weise einem anderen zu Diensten. Auf jeden Fall bleibt das mittlere Element, eben die Zeichnung, immer das flüchtige und dienende zugleich, während von den zwei anderen, Tafel und Idee, beide Kontinuitäten und vom Mittleren unabhängig, das eine dienend und das andere nicht dienend ist.

zeichnungen, und zwar zunächst in ihrer völligen Unabhängigkeit von ihrem Ideenhintergrund, unwillkürlich geneigt, ihm, diesem Ideenhintergrund, der doch aus derselben Quelle stammt, so etwas wie eine Art »Generalkredit« zu erteilen, sofern man ihn bis dato als Abstrusität glaubte ungelesen oder angelesen abtun zu dürfen. Ja, man wird womöglich sogar noch einen Schritt weitergeführt von diesen Tafeln, nämlich daß man gerade das an ihnen als Rätselhaftigkeit, Geheimnis oder ›Hauchhaftes‹ Empfundene (und vor allem die Sicherheit, mit der dies da vorgebracht wird) als Vor-Beweis oder Garant für wirkliche Wissenschaftlichkeit zu halten geneigt ist und als etwas in Zukunft gerade im *Denken* Unabdingbares einklagt und damit sich selbst abverlangt. Da offenbart sich und entwickelt sich die Ahnung von einem Wissenschaftsbegriff, dessen Präzision nicht etwa gemindert, sondern um ein Vielfaches noch gesteigert wird und deswegen nicht mehr gegen den Menschen selbst (und alles Leben) gekehrt werden kann. Gerade das an der Steiner-Literatur bisher als »abwegig« Beiseitegeschobene und in der (verkürzten) Wissenschaft Verhöhnte erhält durch diese Zeichnungen und ihre Kunst-Fähigkeit eine völlig neue und überraschende Offenheit – eine übrigens, die so manchen vermeintlichen oder festgelesenen »Anthroposophen« an seinem Glauben irre werden läßt. Aber, wenn auch auf andere Art, auch manchen in der Kunst. Der eine kann da dann die Kunst nicht vertragen, ihre durch nichts zu beeinträchtigende Offenheit und ihren Freiheitsdrang, und der andere nicht die sich da anmeldende Wissenschaft und ihre höhere Form der Verbindlichkeit.

Die Brücke über diese in der Moderne (Neuzeit) schier unüberwindliche Kluft zwischen Kunst und Wissenschaft hat Joseph Beuys geschlagen, und zwar von der Kunst aus. Seine entscheidende Tat bestand darin, daß ihm der »erweiterte Kunstbegriff« gelang, d. h., daß es ihm gelungen war, diesen in die Kunst selbst zu integrieren. Die Widerstände dagegen waren erheblich; man hatte alles mobilisiert (und tut es heute noch), um diesen Begriffs-Faktor aus der Kunst herauszuhalten, ihn also – wie gehabt – abzuschieben in die philosophische Ecke. Man will damit das *Denken* überhaupt als künstlerischen Faktor leugnen, was aber in Zukunft immer weniger möglich sein wird. Ist aber erst einmal das Denken als künstlerisch integrierter Faktor erkannt – Voraussetzung dafür: die Wahrnehmung des Denkens als schöpferische Potenz und reale Energie, von der bisher nur die unterste Stufe (Ratio/Intellekt) erfaßt und mit dem Denken gleichsetzt, und damit ein Teil mit dem Ganzen verwechselt worden ist –, dann ist im Prinzip die Wissenschaft mit in die Kunst hineingenommen – umgekehrt dann auch die Kunst in die Wissenschaft. Gerade aber diese Perspektive hatte bereits Rudolf Steiner zu Beginn des Jahrhunderts, an dessen Ende wir jetzt stehen, vorgedacht und vorpraktiziert. Beuys hat sich immer wieder auf Steiner berufen und sich wohl auch verpflichtet gefühlt, das entscheidende »Mehr«, dieses winzige zusätzliche Element, das, in die Kunst integriert, über ihre neuzeitliche Isolation hinauswirkt, zu realisieren. Als er am Ende der 60er Jahre nach langer Vorbereitung im Zuge seiner Lehrtätigkeit an der Düsseldorfer Kunstakademie (und darüber hinaus) anfing, in immer größerer Regelmäßigkeit Kreidediagramme auf Wandtafeln herzustellen, war das ja nichts Äußerliches oder Formales. Es entsprach dem zunehmenden Gewicht, das er der Begriffsarbeit beimaß. Im übrigen ist es aufschlußreich, daß parallel zu den Diagrammen und Kreidezeichnungen auf Tafeln, die eben die Begriffsarbeit begleiten, die Schultafeln selbst, nämlich als »Objekte«, als die Gegenstände, die sie sind, z. B. innerhalb von Installationen (wie »Richtkräfte«, 1974, Nationalgalerie Berlin) eine immer größere Rolle spielen. Da wird der Doppelaspekt Wissen-

Offenbar ist die Zeichnung in diesem spezifischen Zusammenhang nicht Selbstzweck, sie verweist immer auf den Ideen- oder Begriffskontext, dessen Veranschaulichung sie ja dient. Und daß sie auf einer Tafel erscheint, ist eher umständebedingt und zufällig. Gerade aber darin liegt auch ihr besonderer Zauber. Sie ist da und doch nicht ganz da. Dieser Zauber erscheint vor allem dem, dem sie sich losgelöst von ihrem Entstehungskontext, dem Vortrag oder Unterricht, zeigt, und der an ihr zunächst gar nichts begreift außer ihrem Aktionscharakter, der, weil er ja mit der Auswischung endet, in diesem Moment gewissermaßen immer noch andauert und trotzdem eben auch nicht mehr. Auch erscheint erst in dieser Losgelöstheit der Tafelzeichnung von ihrem Ideenkontext und Grund ihre Schönheit oder Nicht-Schönheit, die ja etwas anderes ist als die Schönheit oder Nicht-Schönheit der Idee selbst . . .

schaft-Kunst als künstlerisch-plastisches Feld regelrecht vorgeführt. Bald wurden solche Tafeln, deren Kreideüberzug man dann auch fixierte, ganz selbstverständlich als zentrale Kunstwerke angenommen. Diagramme auf Tafeln und diese Tafeln selbst als Gegenstand: beides vom Menschen eingesetzte, benutzte Vehikel im »Parallelprozeß« (J. B.). Das ist der Prozeß, der sich auf die Idee und Stoff gleichermaßen, auf Begriffe und Taten, auf Himmel und Erde bezieht und im Menschen sich kreuzt. Auf jeden Fall hat diese von Joseph Beuys in der zweiten Hälfte des 20. Jahrhunderts vollzogene Erweiterung des Kunstbegriffs, der u. a. auf den Schultafeln seinen äußeren Niederschlag fand, mit dazu beigetragen, daß wir zumindest schon einmal die Tafeln (Tafelzeichnungen) Rudolf Steiners als große Kunstwerke wahrzunehmen in der Lage sind. Das ist immerhin schon ein Anfang.

Juli 1991

Walter Kugler

SPRACH-BILDER

Einige Anmerkungen zu den Wandtafelzeichnungen und ihrer Entstehungsgeschichte

»Es gibt in der ganzen heutigen Kulturwelt keinen größeren geistigen Genuß, als diesem Manne zuzuhören, als sich von diesem unvergleichlichen Lehrer ›Vortrag halten zu lassen‹.« Die Rede ist hier von Rudolf Steiner (1861–1925), der seine Art, die Dinge und Nicht-Dinge zu betrachten, vorzugsweise als »anthroposophisch orientierte Geisteswissenschaft« bezeichnete. Der Verfasser dieser Zeilen: kein geringerer als Christian Morgenstern, der seinem Freund Friedrich Kayßler im selben Atemzug anvertraute: »Wenn uns Steiner nichts anderes verschafft hätte als das ›Erlebnis des Lehrers‹, es wäre schon genug.«

Mehr als 5000 Vorträge hat Steiner gehalten, beginnend Ende der achtziger Jahre des vorigen Jahrhunderts (über »Goethe als Vater einer neuen Ästhetik«). Seine »letzte Ansprache« hielt er vor Mitgliedern der Anthroposophischen Gesellschaft im Saal der Schreinerei des Goetheanum in Dornach b. Basel am 28. September 1924. Sie dauerte nur zwanzig Minuten, dann »war die Stimme halb erloschen, sie verklang in weiter Ferne«, berichtete seine Lebensgefährtin und engste Mitarbeiterin Marie Steiner-von Sivers. Rudolf Steiner hat seine Vorträge stets frei gehalten, ohne Manuskript. Ihr Inhalt ist – von wenigen Ausnahmen abgesehen – nahezu vollständig durch die Aufzeichnungen jeweils hinzugezogener Stenographen überliefert. Die Vielfalt der behandelten Themen ist überwältigend, doch läßt sich recht deutlich eine markante Zielrichtung ausmachen: Das Verstehen der Einheit von Mensch und Kosmos, der Einheit von Transzendenz und Immanenz, der auch wiederherzustellenden Einheit von Kunst, Wissenschaft und Religion. »Es war aufregend ihm zuzuhören, denn seine Bildung war stupend und vor allem gegenüber der unseren, die sich allein auf Literatur beschränkte, großartig vielseitig«, erinnert sich Stefan Zweig, der Steiner verschiedentlich im Berliner Literatenkreis »Die Kommenden«, zu dem auch Else Lasker-Schüler, Erich Mühsam, Peter Hille und Käthe Kollwitz gehörten, begegnet war.

So frei und doch äußerst konzentriert Steiners sprachlicher Gestus war, den Max Brod zwar bisweilen als »weitschweifig«, aber doch als »logisch gegliedert, im Grunde unwiderleglich« erlebt hat, so frei und zugleich zielgerichtet, akribisch systematisch, ging er während seiner Vorträge mit der Wandtafel um, den Redefluß kaum unterbrechend, bisweilen sogar deutlich steigernd. Er benutzte die Tafel recht häufig, mal, um einen Begriff, einen Namen, eine Jahreszahl hervorzuheben, mal, um einen komplexen Sachverhalt anhand eines Schemas aufzuschlüsseln bzw. aufzubauen, oder auch nur, um einen Gedanken durch eine zeichnerische Geste wie zu beleben. Häufig wurden zunächst schlicht angelegte Skizzen oder Schemata im Laufe der Rede immer weiter ausgestaltet, so daß schließlich, wie es durch die Malerin Assja Turgenieff überliefert ist, ein »imaginativ, farbig fließendes Gesamtbild« entstand, das als die Umwandlung des gesprochenen Wortes in ein unmittelbar bildhaft anschauliches Element erlebt werden konnte. »Wieviel Können lag in diesen spontan im Augenblick entstandenen Bildern«, bemerkte Assja Turgenieff einmal und faßt dann ihren Haupteindruck in die folgenden Worte: »So sind diese anspruchslosen Skizzen auch Zeugen dessen, was alles künstlerische Schaffen von Rudolf Steiner kennzeichnet: wie Kunst und Erkenntnis, wenn sie aus demselben geistigen Quell ihren Ursprung nehmen, Wege zu einem neuen Kulturstil bahnen können«.

Nach dem Vortrag wurden die Zeichnungen gelöscht und waren damit - sieht man einmal von den Skizzen der Stenographen ab - unwiderbringlich der Nachwelt entzogen, allerdings: nicht alle. Es ist der Initiative der am ersten Goetheanumbau (1913-1921) als Glasschleiferin tätigen Emma Stolle zu verdanken, daß im Herbst 1919 in Dornach damit begonnen wurde, nun regelmäßig die Wandtafel mit schwarzem Papier zu bespannen. Verschiedentlich war dieses Verfahren auch schon in früheren Jahren angewandt worden, doch, so Turgenieff, »von den seit 1914 bis 1922 in Dornach ausgeführten Zeichnungen sind die meisten durch den Brand des ersten Goetheanum (in der Silvesternacht 1922/23) vernichtet. Vielfach standen Rudolf Steiner zwei oder gar drei solcher präparierter Tafeln pro Vortrag zur Verfügung. Im Anschluß an einen Vortrag wurden die mit weißer oder farbiger Kreide ausgeführten Zeichnungen und Wortlaute auf dem Papier fixiert, datiert und aufbewahrt. Auf diese Weise sind insgesamt 1100 »Tafeln« (Originalformat ca. 100 × 150 cm) erhalten geblieben, von denen sich heute über 1000 im Archiv der Rudolf Steiner Nachlaßverwaltung in Dornach/Schweiz befinden.

Angesichts dessen, daß die Wandtafelzeichnungen vor mehr als einem halben Jahrhundert entstanden sind, ist ihr gegenwärtiger Zustand noch überraschend gut, »obwohl«, so berichtet Turgenieff, »die Blätter oftmals durch Jahrzehnte bei Vorlesungen der (gedruckt vorliegenden) Vorträge in der Schreinerei des Gotheanum benutzt worden«. Gleichwohl sind trotz sorgfältigster Aufbewahrung durch Klimaeinflüsse und durch das Alter bedingte Schäden wie das Abbröckeln der Kreide und in einzelnen Fällen auch ein allmählicher Zerfall des stark holzhaltigen Papiers unvermeidlich. Einerseits um den Bestand der Tafelzeichnungen zu sichern, andererseits um dem besonderen Stellenwert der Zeichnungen im Zusammenhang mit der Rezeption der Vorträge, die nahezu alle in der Rudolf Steiner Gesamtausgabe publiziert sind, gerecht zu werden, hat die Rudolf Steiner Nachlaßverwaltung vor geraumer Zeit damit begonnen, sie in ihrer Gesamtheit innerhalb der Gesamtausgabe zu publizieren. Die Reihe der »Wandtafelzeichnungen zum Vortragswerk« ist auf insgesamt 28 Bände veranschlagt.

Für die hier vorliegende Publikation wurden insgesamt 53 »Tafeln« ausgewählt. Die den Abbildungen jeweils gegenübergestellten Wortlaute, die dem entsprechenden Vortrag Rudolf Steiners entnommen wurden, wollen weniger als Erklärung des »Bildes« dienen, als eine Erweiterung, eine Ergänzung sein dessen, was über das Bild sich dem Betrachter mitteilt bzw. was von ihm selbst erschlossen wird. Sämtliche Wortlaute sind den in der Rudolf Steiner Gesamtausgabe erschienenen Vortragszyklen entnommen. In den »Quellennachweis« am Schluß dieses Bandes wurden Kurz-Referate zu den einzelnen Vorträgen aufgenommen, die eine Annäherung des Lesers an den Kontext, in dem die Zeichnungen entstanden sind, ermöglichen können.

Der Rudolf Steiner Nachlaßverwaltung in Dornach sei herzlich für die große Vorarbeit, die sie mit der bisherigen Publikation der Vorträge geleistet hat, gedankt. Darüber hinaus hat sie diese Ausgabe überhaupt erst möglich gemacht durch ein großzügiges Überlassen der Bildvorlagen sowie die Abdruckgenehmigung der Wortlaute Rudolf Steiners. Dieses Buch ist auch Ausdruck eines seit vielen Jahren währenden Blick- und Gedankenaustausches zwischen dem Verleger Ernst Brücher und dem Schreibenden.

Dornach im August 1991

Hat Rudolf Steiner diese Dinge geträumt?
Hat er sie geträumt, weil sie einmal, zu
Anfang aller Zeiten, geschehen sind?
Es steht jedenfalls fest, daß sie viel
erstaunlicher sind als die Demiurgen und
Schlangen und Stiere anderer Kosmogonien.

Jorge Luis Borges

WANDTAFELZEICHNUNGEN
ZU VORTRÄGEN 1919–1924

DER MENSCH ALS ZUSAMMENKLANG DES SCHAFFENDEN, BILDENDEN UND GESTALTENDEN WELTENWORTES

Gewobenes Sonnenlicht

Wenn Sie den Kokon des Seidenspinners nehmen und sehen ihn an: das ist gewobenes Sonnenlicht, nur daß das Sonnenlicht verkörpert ist durch die Substanz der seidenspinnenden Raupe selber. Damit aber ist der Raum innerlich abgeschlossen. Das äußere Sonnenlicht ist überwunden gewissermaßen. Aber dasjenige, was vom Sonnenlichte, wie ich Ihnen gesagt habe, in die Kromlechs hineingeht - ich habe es Ihnen bei den Auseinandersetzungen über die Druidenmysterien gesagt -, das ist jetzt da innerlich. Und jetzt hat die Sonne, während sie früher die physische Gewalt ausübte und die Raupe zum Spinnen ihres eigenen Kokons veranlaßte, Gewalt über das Innerliche, schafft aus dem Innerlichen heraus den Schmetterling, der nun auskriecht. Und der Kreislauf beginnt von neuem. Sie haben auseinandergelegt vor sich dasjenige, was im Vogelei zusammengeschoben ist.

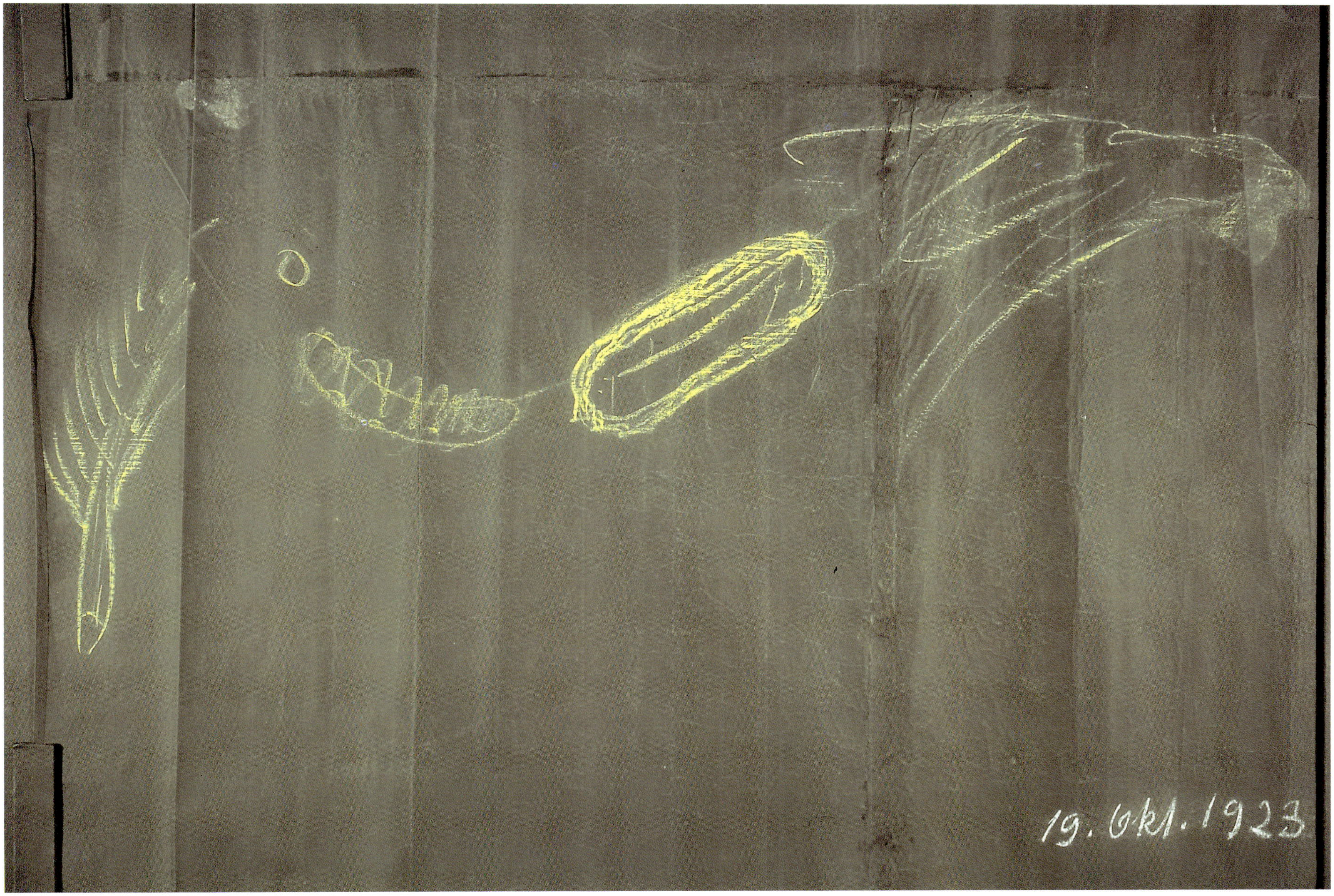

Tafel 1

Sonne – Planeten – Tier – Mensch

Die Sonne erhält ja ihre Kraft dadurch, daß sie in Beziehung tritt zu den verschiedenen Gegenden des Universums. Ausgedrückt wird diese Beziehung dadurch, daß der Mensch mit seinen Erkenntnissen die Sonneneinwirkungen bezieht auf den sogenannten Tierkreis, so daß, wenn der Sonnenschein zur Erde fällt aus dem Löwen, aus der Waage, aus dem Skorpion, er immer etwas anderes für die Erde bedeutet. Aber er bedeutet auch etwas anderes für die Erde, je nachdem er verstärkt oder entkräftet wird durch die anderen Planeten unseres Planetensystems. Und da bestehen verschiedene Beziehungen zu den verschiedenen Planeten unseres Planetensystems. Es bestehen andere Beziehungen zu den sogenannten äußeren Planeten Mars, Jupiter, Saturn, und andere Beziehungen zu den sogenannten inneren Planeten Merkur, Venus und dem Mond. Wenn wir nun die Organisation des Adlers ins Auge fassen, dann haben wir vor allen Dingen darauf zu sehen, inwiefern die Sonnenkräfte modifiziert werden, verstärkt oder geschwächt werden durch das Zusammenwirken der Sonne mit Saturn, Jupiter, Mars. Nicht umsonst spricht die Legende davon, daß der Adler eigentlich Jupiters Vogel ist. Jupiter steht überhaupt da als Repräsentant für die äußeren Planeten. Wenn wir uns schematisch das hinzeichnen, um was es sich dabei handelt, dann müssen wir uns hinzeichnen die Sphäre, die im Weltenraum, im Kosmos der Saturn hat, die Sphäre, die der Jupiter hat, die Sphäre, die der Mars hat. Stellen wir das einmal vor unser Auge hin: die Saturnsphäre, die Jupitersphäre, die Marssphäre; dann finden wir den Übergang zur Sonnensphäre, und wir haben sozusagen im Äußersten unseres Planetensystems ein Zusammenwirken von Sonne, Mars, Jupiter, Saturn. Und wenn wir den Adler in den Lüften kreisen sehen, dann sprechen wir durchaus eine Realität aus, wenn wir sagen: Diejenigen Kräfte, die von der Sonne aus die Luft durchströmen, so daß sie zusammengesetzt sind aus dem Zusammenwirken von Sonne mit Mars, Jupiter und Saturn, die sind es, die in der ganzen Gestalt, in der Wesenheit des Adlers leben. Sie leben aber zugleich in dem Gebilde des menschlichen Hauptes. Und wenn wir den Menschen hineinstellen in bezug auf sein wirkliches Dasein – man möchte sagen, auf Erden ist er ja nur in seinem Miniaturbilde – in das Weltenall, dann müssen wir ihn hineinstellen in die Adlersphäre seinem Haupte nach. Wir müssen uns also den Menschen seinem Haupte nach hineingestellt vorstellen in die Adlersphäre, und haben damit dasjenige im Menschen gegeben, was mit den Kräften nach oben zusammenhängt.

Ich muss lernen:
O Stier: deine Kraft
aus der Sprache, die
die Sterne in mir
offenbaren
O Löwe: deine Kraft
aus der Sprache, die in
Jahr und Tag der
Umkreis in mir wirket
O Adler: deine Kraft aus
der Sprache, die das Erdenwesen
in mir erschafft:
20. X. 23

Tafel 2

Der Lockruf des Adlers, des Löwen, der Kuh

Lerne mein Wesen erkennen!
Ich gebe dir die Kraft,
Im eignen Haupte
Ein Weltenall zu schaffen.

So spricht der Adler
Westen

Lerne mein Wesen erkennen!
Ich gebe dir die Kraft,
Im Schein des Luftkreises
Das Weltenall zu verkörpern.

So spricht der Löwe
Mitte

Lerne mein Wesen erkennen!
Ich gebe dir die Kraft,
Waage, Meßlatte und Zahl
Dem Weltenall zu entreißen.

So spricht die Kuh
Orient

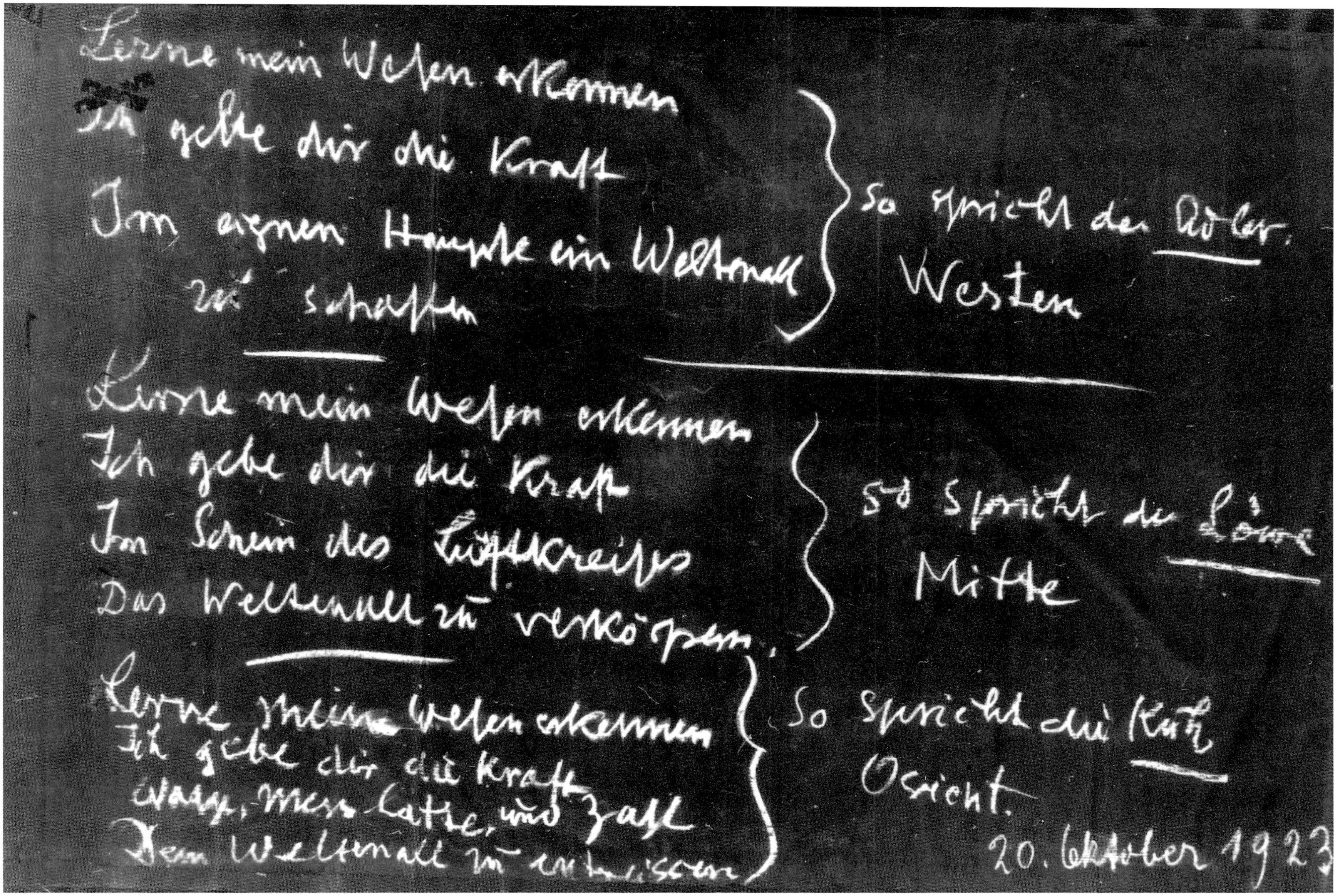
Lerne mein Wesen erkennen
Ich gebe dir die Kraft
Im eignen Haupte ein Weltenall
zu schaffen
So spricht der Adler.
Westen
Lerne mein Wesen erkennen
Ich gebe dir die Kraft
Im Schein des Luftkreises
Das Weltenall zu verkörpern.
So spricht der Löwe
Mitte
Lerne mein Wesen erkennen
Ich gebe dir die Kraft
Waage, Messlatte, und Zahl
Dem Weltenall zu entreissen
So spricht die Kuh
Osten.
20. Oktober 1923

Tafel 3

Schuldner der Erde

Derjenige, der aus der heutigen Initiationswissenschaft heraus dieses Geheimnis vom Menschen weiß, daß eigentlich das hauptsächlichste, das wesentlichste Organ, welches der physischen Substanz bedarf, das Haupt ist, damit es diese physische Substanz mit den geisten Kräften durcharbeiten kann, und wer weiter weiß, daß im Gliedmaßen-Stoffwechselmenschen das Wesentliche die geistige Substanz ist, die der physischen Kräfte bedarf, der Schwerkräfte, der Gleichgewichtskräfte und der anderen physischen Kräfte, um zu bestehen, derjenige, der so dieses Geheimnis des Menschen geistig durchschaut und dann zurückblickt auf dieses menschliche irdische Dasein, der kommt eigentlich sich als Mensch selber wie ein ungeheurer Schuldner gegenüber der Erde vor. Denn auf der einen Seite muß er sich sagen, er bedarf, damit er sein Menschenwesen aufrecht erhalten kann, gewisser Bedingungen; aber durch diese Bedingungen wird er eigentlich der Schuldner der Erde. Er entzieht fortwährend etwas der Erde. Er kommt nämlich darauf, sich sagen zu müssen: das, was er an geistiger Substanz in sich trägt während des Erdendaseins, das braucht eigentlich die Erde. Das sollte er eigentlich, wenn er durch den Tod geht, der Erde zurücklassen, denn die Erde bedarf zu ihrer Erneuerung fortwährend geistiger Substanz. Er kann es nicht, denn er würde seinen Menschenweg durch die Zeit nach dem Tode nicht zurücklegen können. Er muß diese geistige Substanz mitnehmen für das Leben zwischen dem Tode und einer neuen Geburt, weil er sie braucht, weil er sozusagen verschwinden würde nach dem Tode, wenn er diese geistige Substanz nicht mitnehmen würde durch den Tod.
Nur dadurch kann er jene Veränderungen durchmachen, die er durchmachen muß, daß er diese geistige Substanz seines Gliedmaßen-Stoffwechselmenschen durch die Pforte des Todes hinüberträgt in die geistige Welt.
Und so würde der Mensch nicht künftigen Inkarnationen unterliegen können, wenn er der Erde das, was er ihr eigentlich schuldet, diese geistige Substanz, geben würde. Er kann es nicht. Er bleibt ein Schuldner.

Tafel 4

Die kosmische Verkörperung des Gedächtnisses

Wenn wir die heutige Erde anschauen, so haben wir innerhalb der Erde das, was das Feste bewirkt, den inneren Mond, wesentlich verankert im Erdenmagnetismus; den inneren Mond, der ja bewirkt, daß es überhaupt Festes gibt, daß es etwas gibt, was Gewicht hat, und die Gewichtskräfte sind es ja, die aus dem Flüssigen das Feste machen. Wir haben dann das eigentliche Erdengebiet, das Wäßrige, das in der mannigfaltigsten Weise wieder vorkommt, als Grundwasser zum Beispiel, aber auch als dasjenige Wasser, welches in den Dunstmassen ist, die aufsteigen, in den Regenmassen, die herabfallen und so weiter. Wir haben weiter im Umkreise das, was luftförmig ist, und haben das alles durchdrungen von dem Feurigen, den Resten des alten Saturn. So daß wir auch in der heutigen Erde anzugeben haben etwas, was da oben Sonne-Saturn oder Saturn-Sonne ist. Wir können uns immer sagen, alles, was da in der warmen Luft ist, die von Licht durchglänzt ist, ist Saturn-Sonne. Und wir schauen hinauf und finden eigentlich unsere Luft durchsetzt von dem, was Saturnwirkung ist, was Sonnenwirkung ist, und was dann sich im Laufe der Zeit als der eigentliche Luftkreis entwickelt hat, der aber auch nur eine Nachwirkung der Sonnenmetamorphose ist. Das haben wir, wenn wir den Blick aufwärts richten.
Richten wir den Blick abwärts, dann haben wir mehr die Nachfolge dessen, was während der zwei letzten Metamorphosen eingetreten ist. Wir haben das Schwere, Feste, besser gesagt das Schwere Wirkende, ins Feste Gehende; wir haben das Flüssige, wir haben die Mond-Erde. Diese zwei Partien sozusagen des Erdendaseins können wir streng voneinander unterscheiden ...
Indem sich in der Erdenentwicklung im großen ganzen auch alles das mitentwickelt hat, was zur Erde gehört, fällt der Blick desjenigen, der in diese Dinge mit der Initiationswissenschaft hineinschaut, zunächst auf die Mannigfaltigkeit der Insektenwelt. Man sollte glauben, daß schon das bloße Gefühl diese flatternde, flimmernde Insektenwelt in einen gewissen Zusammenhang bringen müßte mit dem Oberen, mit dem Saturn-Sonnenhaft-Luftartigen. Es ist das durchaus der Fall. Wenn wir uns den Schmetterling ansehen: er flattert in der Luft, in der lichtdurchflossenen, lichtdurchglänzten Luft mit seinen schillernden Farben. Er wird getragen von den Wogen der Luft. Er berührt eigentlich kaum, was mond-erdig-wäßrig ist. Sein Element ist dasjenige, was oben ist. Wenn man dann nachforscht, wie eigentlich die Entwicklung ist, so kommt man gerade bei dem kleinen Insekt merkwürdigerweise in sehr frühe Zeiten der Erdenmetamorphose. Was heute in der lichtdurchglänzten Luft als Schmetterlingsflügel schimmert, das hat sich zuerst in der Anlage gebildet während des alten Saturn, hat sich weiter entwickelt während der alten Sonnenzeit. Da ist das entstanden, was heute noch dem Schmetterling möglich macht, eigentlich ein Licht-Luft-Geschöpf zu sein. Die Sonne verdankt die Gabe, daß ihr Licht in den Substanzen Feuriges, Schimmerndes hervorruft, der Saturn-Jupiter-Mars-Einwirkung. Und eigentlich versteht derjenige die Schmetterlingsnatur nicht, der sie auf Erden sucht. Die Kräfte, die wirksamen Kräfte in der Schmetterlingsnatur müssen wir oben suchen, müssen wir bei Sonne, Mars, Jupiter, Saturn suchen.
Wenn wir genauer eingehen auf diese wunderbare Schmetterlingsentwickelung - ich habe sie im Zusammenhange mit dem Menschen gewissermaßen als die kosmische Verkörperung des Gedächtnisses hier schon einmal geschildert -, aber wenn wir genauer eingehen, so finden wir: der Schmetterling flattert zunächst lichterschimmernd, luftgetragen oben über der Erde. Er legt sein Ei ab. Ja, der grobmaterialistische Mensch sagt: Der Schmetterling legt sein Ei ab -, weil die hauptsächlichsten Dinge überhaupt nicht studiert werden unter dem Einflusse der gegenwärtigen Unwissenschaft. Die Frage ist diese: Wem vertraut der Schmetterling eigentlich sein Ei an, wenn er es ablegt?

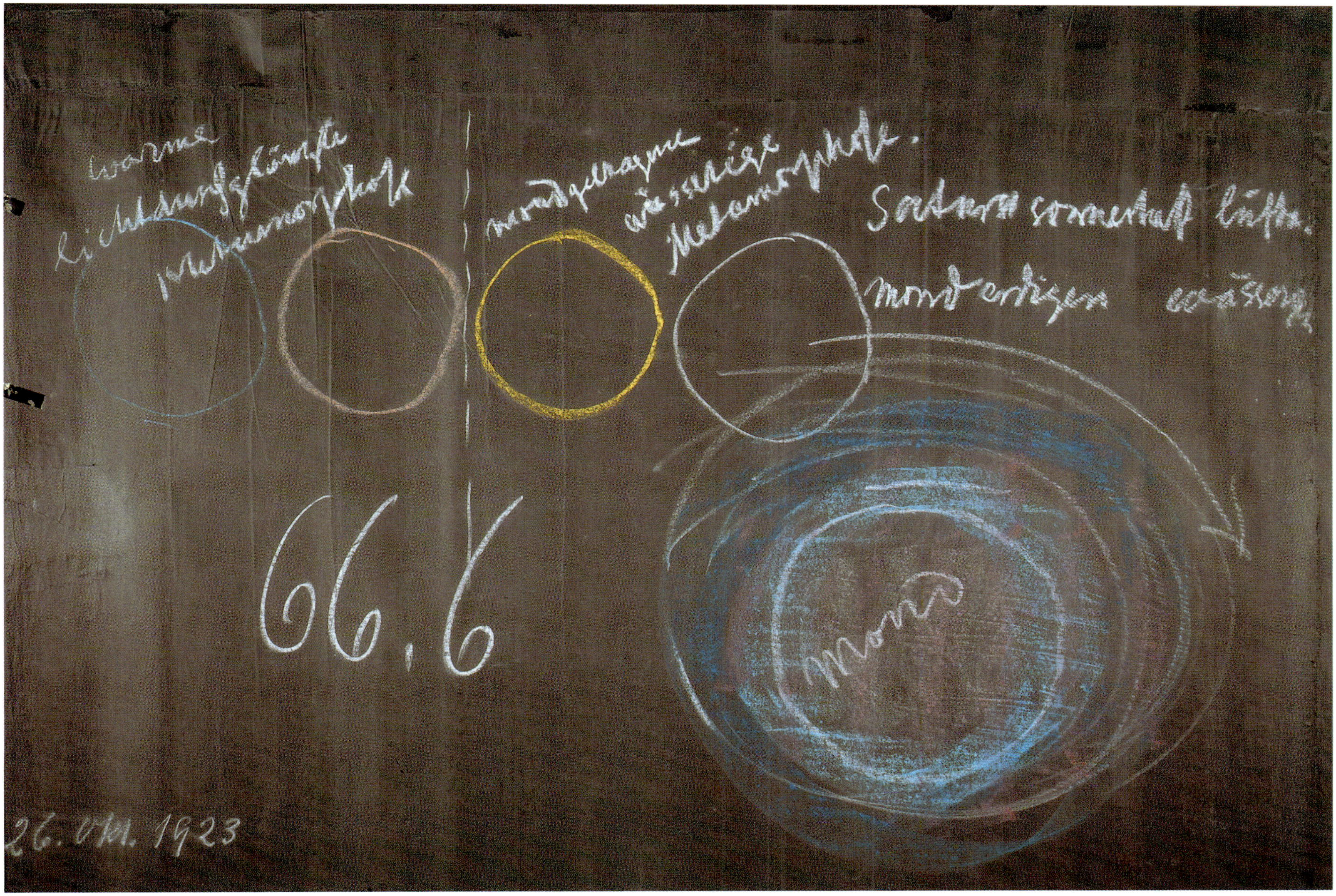

Tafel 5

Denn das, was im Kosmos wirkt, ist schon die grösste Künstlerin

Die Pflanze - der durch die Erde gefesselte Falter! Der Falter - die durch den Kosmos von der Erde befreite Pflanze!
Schaue man den Schmetterling, das Insekt überhaupt, von dem Keim bis zum flatternden Insekt hin an: es ist die in die Luft hinaufgehobene, vom Kosmos in der Luft gestaltete Pflanze. Schaue man die Pflanze an: es ist der Schmetterling, der unten gefesselt wird. Das Ei wird von der Erde in Anspruch genommen. Die Raupe wird metamorphosiert in die Blattbildungen. In das, was zusammengezogen ist, wird die Puppenbildung metamorphosiert. Dann wird das, was sich im Falter entfaltet, in der Blüte bei der Pflanze entwickelt. Kein Wunder, daß jene innige Beziehung besteht zwischen der Schmetterlings- und Insektenwelt überhaupt und der Pflanzenwelt. Denn eigentlich müssen ja jene geistigen Wesenheiten, welche den Insekten, den Schmetterlingen zugrunde liegen, sich sagen: Hier unten sind unsere Verwandten, mit denen müssen wir es halten, wir müssen uns mit ihnen verbinden, wir müssen, genießend ihre Säfte und so weiter, uns mit ihnen verbinden, denn sie sind unsere Brüder. Sie sind die Brüder, die hinuntergewandelt sind in das Erdenreich, die von der Erde gefesselt sind, die das andere Dasein gewonnen haben.
Und wiederum, es könnten die Geister, die die Pflanzen beseelen, hinaufschauen zu den Schmetterlingen und könnten sagen: Das sind die Himmelsverwandten der Erdenpflanze.

Sehen Sie, man kann schon sagen: Verständnis der Welt kann nicht entstehen mit Abstraktionen, denn die Abstraktionen reichen nicht zum Verständnisse hin. Denn das, was im Kosmos wirkt, ist schon die größte Künstlerin. Der Kosmos gestaltet alles nach Gesetzen, die im tiefsten Sinne auch den Künstlersinn befriedigen. Niemand kann den in die Erde versenkten Falter verstehen anders, als indem er im Künstlersinne metamorphosiert, was abstrakte Gedanken sind. Niemand kann verstehen den in die Luft vom Lichte und von den kosmischen Kräften hinaufgehobenen Pflanzenblüteninhalt in dem Schmetterling, der nicht wiederum in künstlerische Bewegung bringen kann die abstrakten Gedanken. Es bleibt aber immerhin etwas ungeheuer Erhebendes, wenn wir diese tiefe innere Verwandtschaft der Naturdinge und Naturwesen ins Auge fassen.

Schaue die Pflanze!
Sie ist der von der Erde
Gefesselte Schmetterling.

Schaue den Schmetterling!
Er ist die vom Kosmos
Befreite Pflanze!

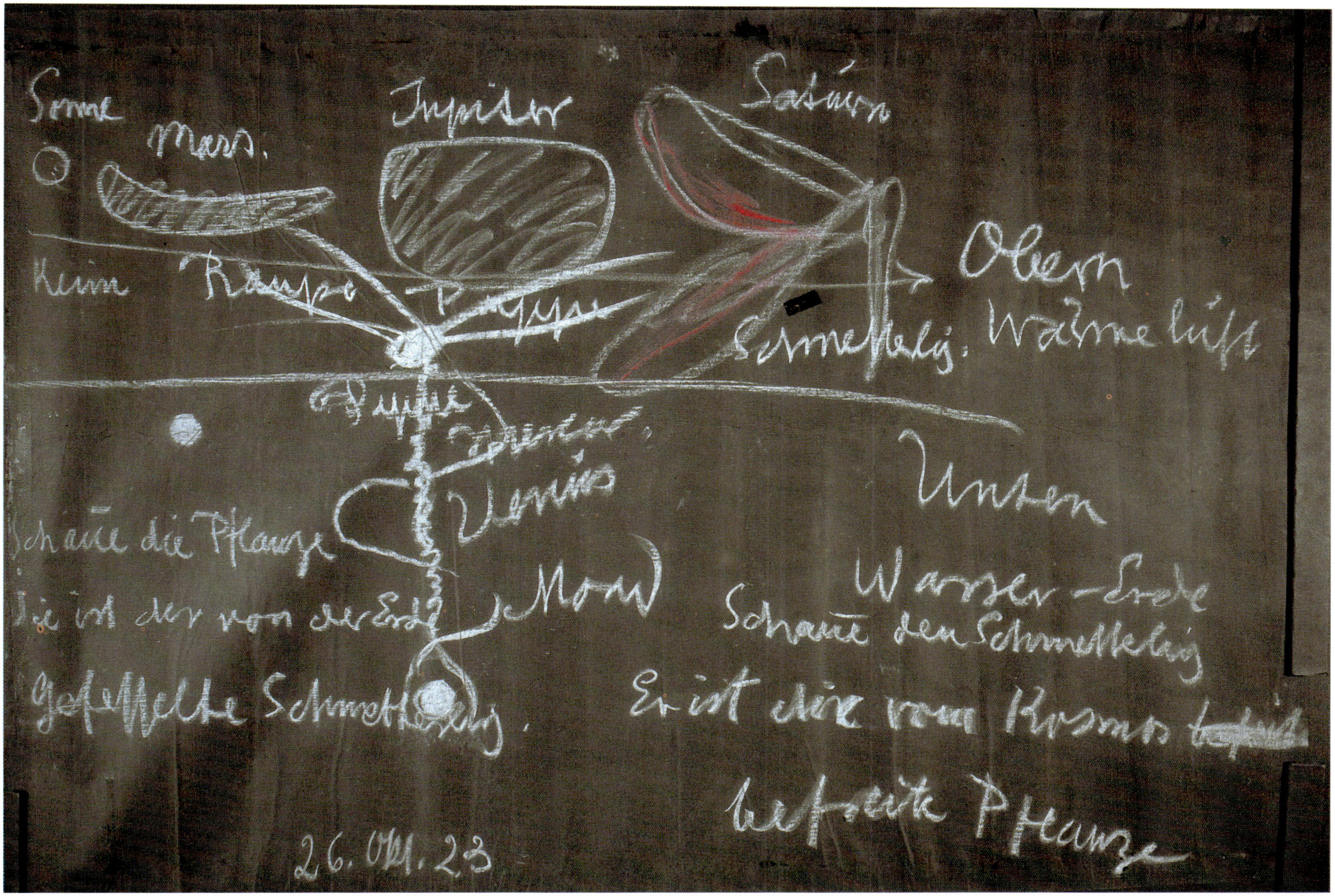
Sonne
Mars.
Jupiter
Saturn
Keim
Raupe
Puppe
Oben
Schmetterlig: Wärme-Luft
Venus
Mond
Unten
Wasser-Erde
Schaue die Pflanze
Sie ist der von der Erde
gefesselte Schmetterlig.
Schaue den Schmetterlig
Er ist die vom Kosmos
befreite Pflanze
26. Okt. 23

Tafel 6

Kosmische Erinnerung, kosmisches Denken, kosmisches Träumen
Schmetterling, Vogel, Fledermaus

Der Schmetterling gibt fortwährend vergeistigte Materie an den Kosmos ab, und er ist der Liebling der Saturnwirkungen. Nun erinnern Sie sich daran, wie ich hier ausgeführt habe, daß der Saturn der große Träger des Gedächtnisses unseres Planetensystems ist. Der Schmetterling hängt ganz zusammen mit dem Erinnerungsvermögen unseres Planeten. Das sind die Erinnerungsgedanken, die im Schmetterling leben. Der Vogel - ich habe Ihnen das auch schon ausgeführt - ist im Ganzen eigentlich im Kopf, und in dieser durchwärmten Luft, die er durchfliegt durch den Weltenraum, ist er eigentlich der lebendig fliegende Gedanke. Was wir in uns als Gedanken haben, was ja auch zusammenhängt mit dem Wärmeäther, ist die Vogelnatur, die Adlernatur in uns. Der Vogel ist der fliegende Gedanke. Die Fledermaus aber ist der fliegende Traum, das fliegende Traumbild des Kosmos. So daß Sie sagen können: Die Erde ist umwoben von den Schmetterlingen: sie sind die kosmische Erinnerung; und von dem Vogelgeschlechte: es ist das kosmische Denken; und von der Fledermaus: sie ist der kosmische Traum, das kosmische Träumen. Es sind in der Tat die fliegenden Träume des Kosmos, die als Fledermäuse den Raum durchsausen. Wie der Traum das Dämmerlicht liebt, so liebt der Kosmos das Dämmerlicht, indem er die Fledermaus durch den Raum schickt. Die dauernden Gedanken der Erinnerung, sie sehen wir verkörpert in dem Schmetterlingsgürtel der Erde; die in der Gegenwart lebenden Gedanken in dem Vogelgürtel der Erde; die Träume in der Umgebung der Erde fliegen verkörpert als Fledermäuse herum.

Tafel 7

Der Schmetterling ist eigentlich ganz Licht

Stellen Sie sich ein höheres Tier vor; das hat die Lunge. In die Lunge kommt der Sauerstoff hinein und verbindet sich da mit dem Blute auf dem Umweg durch das Herz. Das Blut muß in Herz und Lunge einfließen, um mit dem Sauerstoff in Berührung zu kommen bei diesen voluminöseren Tieren und auch beim Menschen. Beim Schmetterling muß ich ganz anders zeichnen. Da muß ich so zeichnen: Wenn das der Schmetterling ist, gehen da überall die Röhren herein; diese Röhren verästeln sich weiter. Und der Sauerstoff geht nun da überall hinein, verästelt sich selber mit; die Luft dringt überall in den Körper ein.

Bei uns und bei den sogenannten höheren Tieren kommt die Luft nur als Luft bis in die Lungen; bei dem Schmetterling breitet sich die äußere Luft mit ihrem Inhalte an Licht im ganzen inneren Leib aus. Der Vogel breitet die Luft bis in seine hohlen Knochen hinein aus; der Schmetterling ist nicht nur nach außen hin das Lichttier, sondern er breitet das Licht, das von der Luft getragen wird, in seinem ganzen Körper überallhin aus, so daß er auch innerlich Licht ist. Wenn ich Ihnen schildern konnte, daß der Vogel eigentlich innerlich erwärmte Luft ist, so ist der Schmetterling eigentlich ganz Licht. Es besteht auch sein Körper aus Licht, und die Wärme ist für den Schmetterling eigentlich Last, Gepäck. Er flattert ganz und gar im Lichte und baut seinen Leib eigentlich ganz aus dem Lichte auf. Und wir müßten, wenn wir den Schmetterling in der Luft flattern sehen, eigentlich bloße Lichtwesen flattern sehen, über ihre Farben, ihr Farbenspiel sich freuende Lichtwesen. Das andere ist Bekleidung und Gepäck. Man muß erst darauf kommen, aus was eigentlich die Wesen der Erdenumgebung bestehen, denn der äußere Schein täuscht.

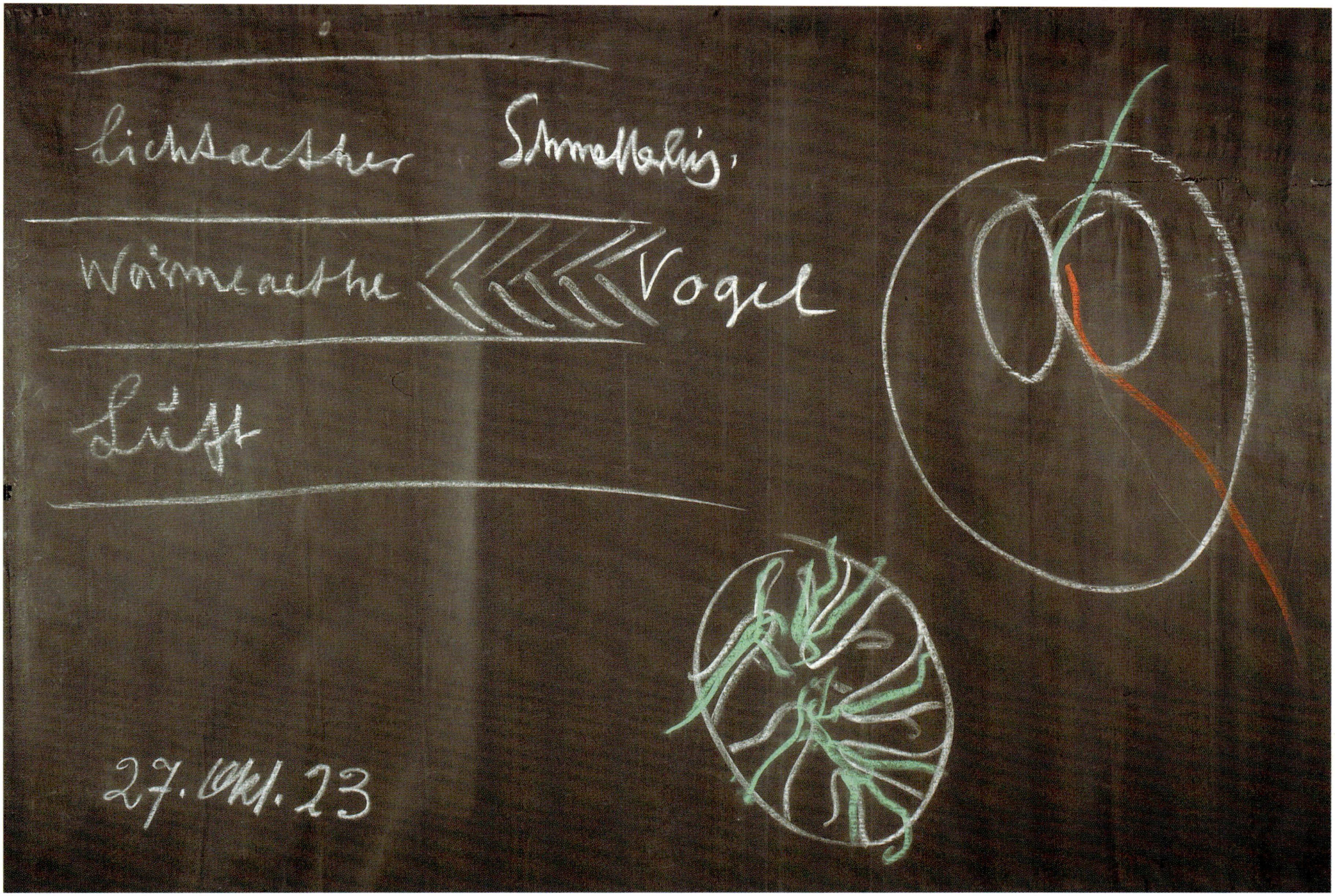
Lichtaether
Schmetterling
Wärmeaether
Vogel
Luft
27. Okt. 23

Tafel 8

Reine Verdauungsapparate

Geradeso wie der Adler und die Schmetterlinge dem Kopf zugeordnet sind, wie der Löwe der Brust zugeordnet ist, die Kuh dem Unterleib zugeordnet ist, aber, ich möchte sagen als das Tier, das zu gleicher Zeit alles Obere in sich hineinwachsen läßt in der späteren Evolution, so sind Amphibien und Reptilien, also Kröten, Frösche, Schlangen, Eidechsen und so weiter zugeteilt, wenn ich mich des Ausdrucks bedienen darf, nur dem menschlichen Unterleibe, dem menschlichen Verdauungsapparat. Da sind reine Verdauungsapparate als Tiere entstehend ...
Wenn man also den Menschen betrachtet und seinem Wesen zuteilt die Tiergenossen, dann muß man demjenigen, was da enthalten ist in den Reptilien und Amphibien, zuteilen die menschliche Verdauungstätigkeit. Und tatsächlich, man kann sagen: So wie der Mensch die Produkte seiner Verdauung in seinen Gedärmen herumträgt, so trägt der Kosmos auf dem Umweg durch die Erde die Kröten, Schlangen und Frösche gewissermaßen in dem kosmischen Gedärm herum, das er sich bildet in dem wäßrig-irdischen Element der Erde. Dagegen dasjenige, was dann mehr zusammenhängt mit der menschlichen Fortpflanzung, was sich überhaupt erst in der allerletzten Mondenzeit in der allerersten Anlage bildet und erst während der Erdenmetamorphose herauskommt, mit dem sind die Fische verwandt, die Fische und noch niedrigere Tiere. So daß wir die Fische anzusehen haben als Spätlinge der Evolution, als solche Wesen, die sich in der Evolution erst da hinzugesellen zu den anderen Tieren, wenn sich beim Menschen die Fortpflanzungsorgane zu den Verdauungsorganen hinzugesellen. Die Schlange ist im wesentlichen der Vermittler zwischen Fortpflanzungsorgan und Verdauungsorgan. Richtig hineingesehen in die menschliche Natur, was stellt die Schlange dar? Die Schlange stellt nämlich den sogenannten Nierenkanal dar; sie ist in derselben Zeit der Weltenevolution entstanden, in der sich beim Menschen der Nierenkanal ausgebildet hat.

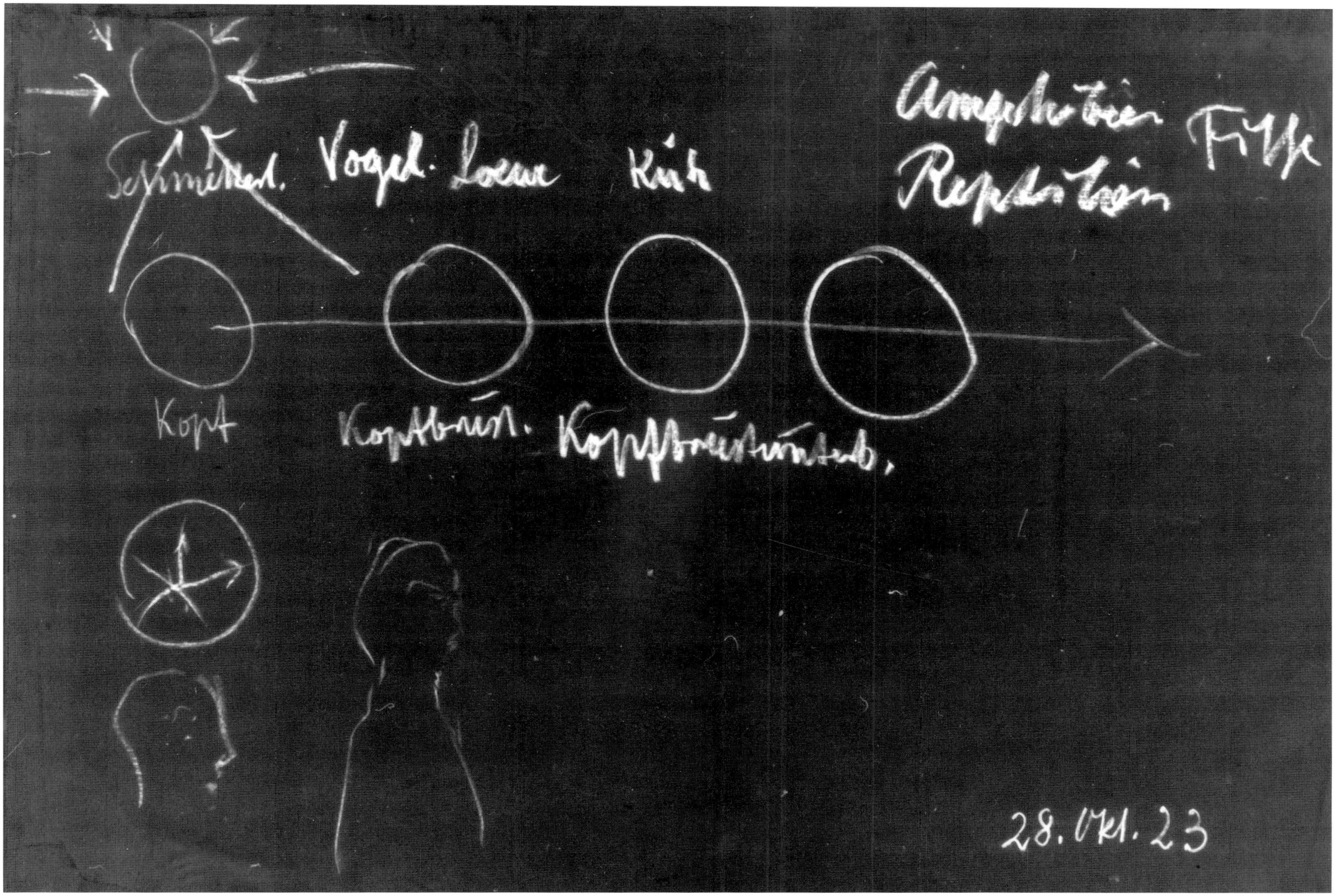
Schmetterl.
Vogel.
Loewe
Kuh
Amphibien
Fische
Reptilien
Kopf
Kopfbrust.
28. Okt. 23

Tafel 9

Beim Anblick des Schmetterlings

Daher werden Sie es auch verständlich finden, wenn ich, zurückkommend auf etwas, was ich schon ausgesprochen habe, noch einmal das Folgende Ihnen zeichne. Ich sagte Ihnen, der Schmetterling, der eigentlich ein Lichtwesen ist, schickt zeit seines Lebens fortwährend die durchgeistigte Erdenmaterie in den Kosmos hinauf. Ich möchte nun diese durchgeistigte Erdenmaterie, die da in den Kosmos hinausgeschickt wird, mit Anlehnung an einen gebräuchlichen Ausdruck der Sonnenphysik die Schmetterlingskorona nennen. So strahlt die Schmetterlingskorona fortwährend in den Kosmos hinaus. Aber in diese Schmetterlingskorona strahlt ein, was das Vogelgeschlecht jedesmal, wenn der Vogel stirbt, dem Kosmos übergibt, so daß da hineinstrahlt die vergeistigte Materie vom Vogelgeschlecht, hinaus in den Kosmos. Man hat dann von außen, geistig gesehen, den Anblick einer glimmenden Korona, ausgehend vom Schmetterlingsgeschlecht - nach gewissen Gesetzen erhält sich diese auch im Winter -, und mehr strahlenförmig hineingestellt das, was von den Vögeln ausfließt.
Sehen Sie, wenn der Mensch sich anschickt, herunterzusteigen aus der geistigen Welt in die physische Welt, da ist es zunächst die Schmetterlingskorona, diese eigentümliche Ausstrahlung von vergeistigter Erdenmaterie, die den Menschen ins irdische Dasein ruft. Und die Strahlen der Vogelkorona, die werden mehr empfunden wie Kräfte, die hereinziehen. Nun sehen Sie noch eine höhere Bedeutung desjenigen, was im Luftkreise lebt. Man muß eben überall in dem, was lebt und webt in der Wirklichkeit, das Geistige suchen. Und sucht man das Geistige, dann kommt man eigentlich erst darauf, was die einzelnen Wesensgebiete für eine Bedeutung haben. Die Erde lockt gewissermaßen den Menschen zur Wiederverkörperung herein, indem sie die Leuchteausstrahlung der Schmetterlingskorona und die Strahlung der Vogelkorona hinausschickt in den Weltenraum. Das sind die Dinge, die den Menschen, nachdem er eine Zeitlang zugebracht hat in der rein geistigen Welt zwischen dem Tode und einer neuen Geburt, wiederum hereinrufen in das neue Erdendasein. Es ist daher kein Wunder, wenn der Mensch sich nur schwer das komplizierte Gefühl, das er mit Recht hat beim Anblick der Schmetterlings- und der Vogelwelt, enträtseln kann. Denn dasjenige, was da wirklich ist, sitzt tief im Unterbewußtsein. Das, was da wirklich ist, ist die Erinnerung an die Sehnsucht nach neuem Erdendasein.

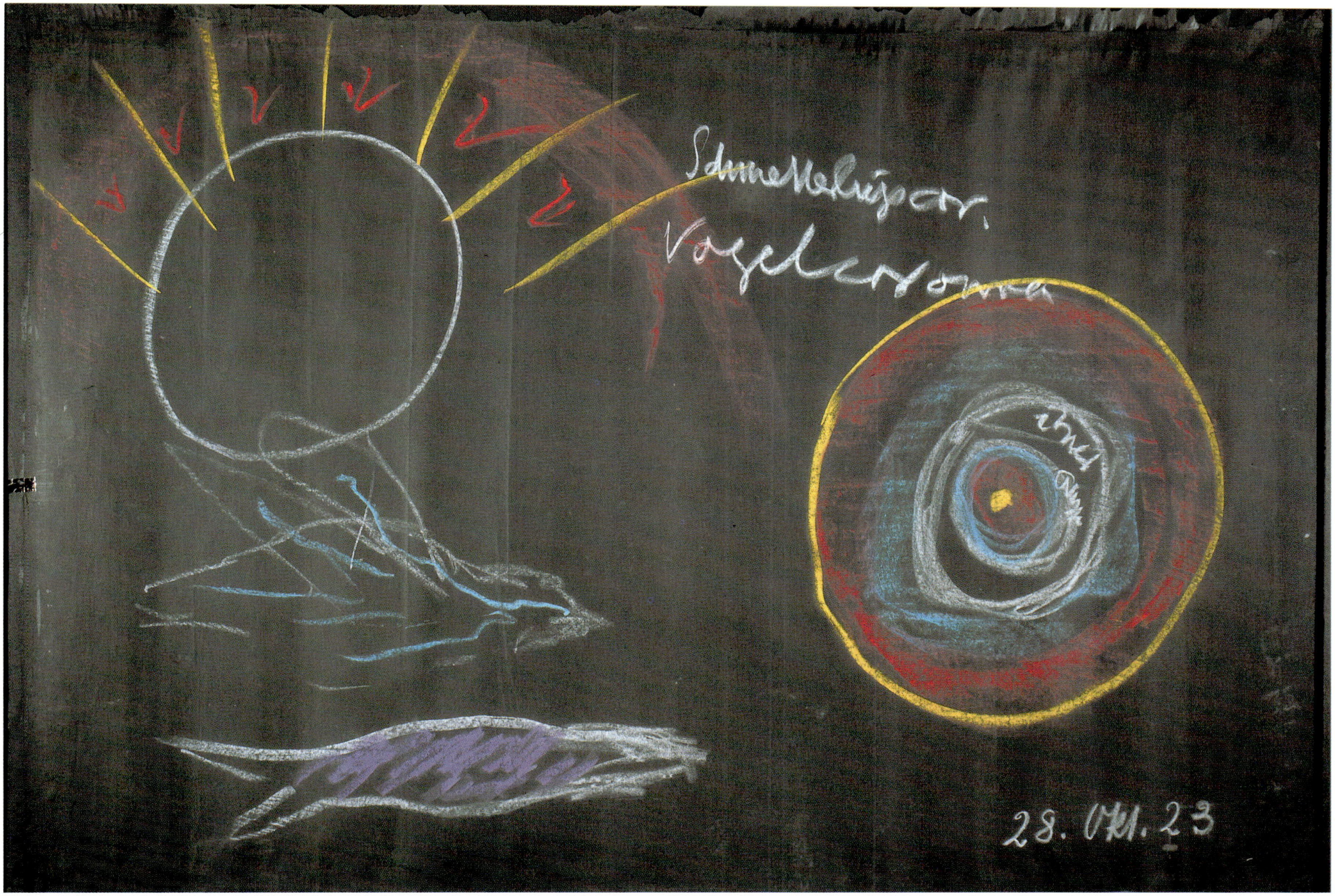

Tafel 10

Das Geheimnis des Pflanzenwachstums

Weil eigentlich das Unterbewußte des Menschen es ahnt, daß mit der blühenden, sprossenden Pflanze es etwas Besonderes ist, erscheint das Pflanzenwesen als ein so Geheimnisvolles. Das Geheimnis wird natürlich nicht zerklüftet, denn den wunderbaren Mysterien wird nicht der Schmetterlingsstaub abgestreift; aber, ich möchte sagen, in einer noch erhöhteren Wunderbarkeit erscheint dasjenige, was sonst in der Pflanze den Menschen entzückt und erhebt, wenn nun eigentlich nicht nur die physische Pflanze da ist, sondern dieses wunderbare Arbeiten da unten der unmittelbar verständigen, ganz Intellekt-bildenden Gnomenwelt, die die Pflanzenkraft zunächst hinausstößt. So wie gewissermaßen der menschliche Verstand nicht der Schwerkraft unterworfen ist, wie der Kopf getragen wird, ohne daß wir seine Schwere fühlen, so überwinden die Gnomen mit ihrer Lichtintellektualität das Erdenhafte und stoßen die Pflanze heraus. Sie bereiten unten das Leben. Aber das Leben würde ersterben, wenn es nicht vom Chemismus angefacht würde. Den bringen die Undinen heran. Und das Licht muß das durchströmen.

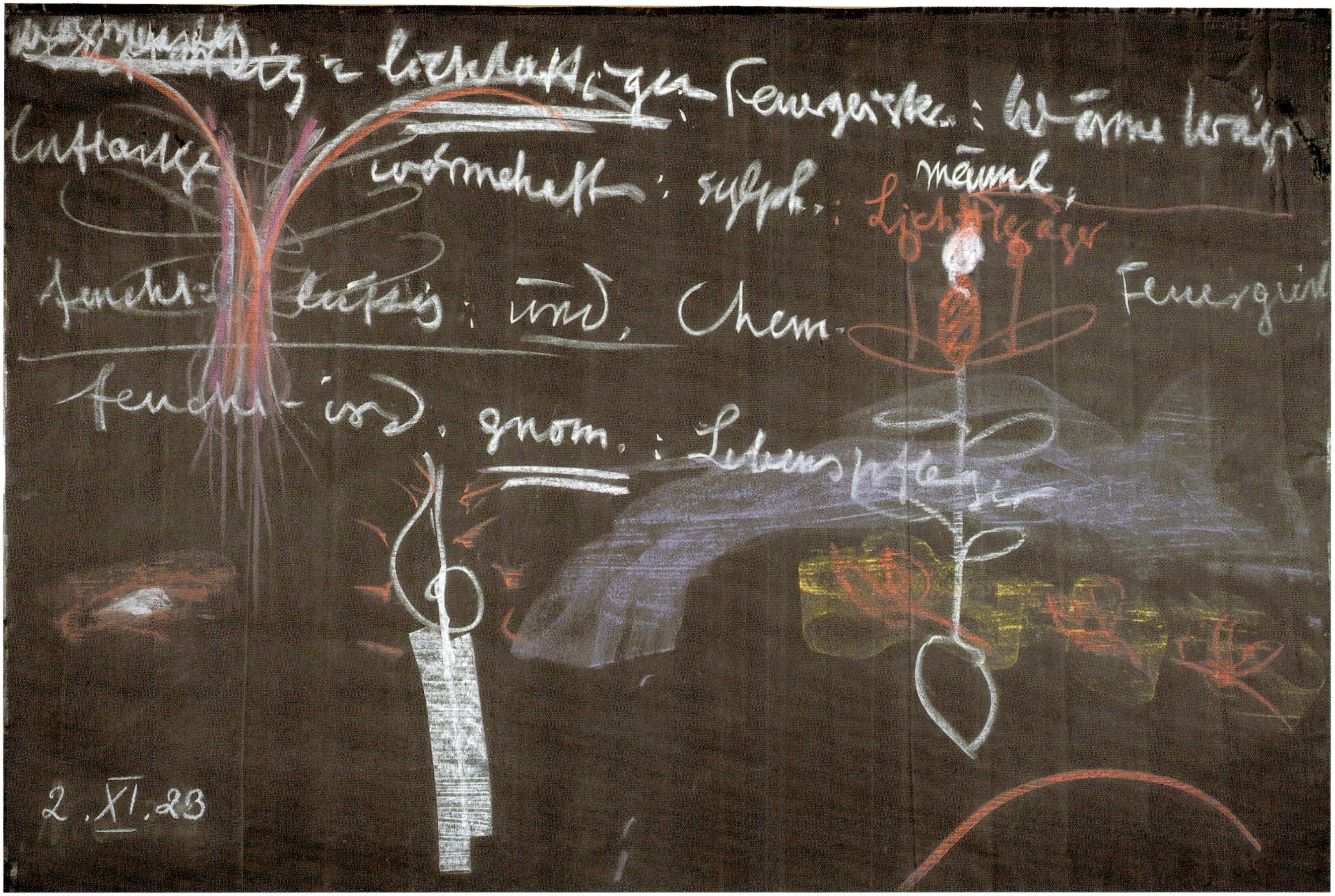

Tafel 11

Licht und Schwerkraft

So sehen wir von unten herauf, im Bläulich-Schwärzlichen, die Schwerkraft, der der Schwung nach oben hin gegeben wird, von den Gnomen ausgehend, und, rings die Pflanze umschwirrend, angedeutet in den Blättern, die Undinenkraft, welche Stoffe mischt und entmischt, indem die Pflanze hinaufwächst. Von oben herunter, von den Sylphengeistern wird hineingeprägt in die Pflanze das Licht, die nun eine plastische Gestalt bilden, die wiederum idealisiert hinuntergeht und vom Mutterschoße der Erde aufgenommen wird. Und dann wiederum wird die Pflanze umschwirrt von den Feuergeistern, die in den kleinen Samenpünktchen konzentrieren die Weltenwärme, die dann mit der Spannkraft den Gnomen hinuntergegeben wird, so daß die Gnomen aus Feuer und Leben da unten die Pflanzen entstehen lassen können.

Wiederum sehen Sie, wie die Erde ihre abstoßende Kraft, ihre Dichtigkeit, im Grunde genommen der Antipathie der Gnomen und Undinen gegen Amphibien und Fische verdankt. Wenn die Erde dicht ist, so ist die Dichtigkeit diese Antipathie, durch welche Gnomen und Undinen ihre Gestalt aufrecht erhalten. Wenn sich Licht und Wärme heruntersenken auf die Erde, so ist das zu gleicher Zeit der Ausdruck jener Sympathiekraft, der tragenden Sylphen-Liebekraft, die durch den Luftraum getragen wird, und der tragenden Feuergeist-Opferkraft, welche das Sich-Herunterneigende bringt. So daß man sagen kann: Es wächst über der Erde zusammen dasjenige, was Erdendichte, Erdenmagnetismus, Erdenschwere ist, indem es nach aufwärts strebt, zusammen mit der abwärts strebenden Liebe- und Opferkraft. Und in diesem Ineinanderwirken der abwärtsströmenden Liebe-Opferkraft und der aufwärtsströmenden Dichtigkeit, Schwerekraft und magnetischen Kraft, in diesem Zusammenwirken entwickelt sich über dem Erdboden, wo die beiden sich begegnen, das Pflanzenwesen, das ein äußerer Ausdruck des Zusammenwirkens von Weltenliebe, Weltenopfer, Weltenschwere und Weltenmagnetismus ist.

Tafel 12

Oben: Physisches Gehirn
Unten: Geistiges Gehirn

Wenn Sie sich den Menschen denken als Stoffwechsel-Gliedmaßenmenschen, als Brust-, also als rhythmischen Menschen, und dann als Kopfmenschen, also als Nerven-Sinnesmenschen, so müssen Sie sich durchaus klar sein: hier unten gehen Prozesse vor sich - lassen wir den rhythmischen Menschen aus -, hier oben gehen wiederum Prozesse vor sich. Wenn Sie zusammennehmen die Prozesse, die sich unten abspielen, so ist im wesentlichen ein Ergebnis da, das im gewöhnlichen Leben meistens mißachtet wird: es sind die Ausscheidungsprozesse, Ausscheidungen durch den Darm, Ausscheidungen durch die Nieren und so weiter, alle Ausscheidungsprozesse, die sich nach unten ergießen. Diese Ausscheidungsprozesse betrachtet man meistens eben nur als Ausscheidungsprozesse. Aber das ist ein Unsinn. Es wird nicht bloß ausgeschieden, damit ausgeschieden werden soll, sondern in demselben Maße, in dem Ausscheidungsprodukte erscheinen, erscheint im unteren Menschen geistig etwas Ähnliches, wie oben physisch das Gehirn ist. Das, was im unteren Menschen geschieht, ist ein Vorgang, der auf halbem Wege stehenbleibt in bezug auf seine physische Entwickelung. Es wird ausgeschieden, weil die Sache ins Geistige übergeht. Oben wird der Prozeß vollendet. Da bildet sich physisch das herein, was da unten nur geistig ist. Oben haben wir physisches Gehirn, unten ein geistiges Gehirn. Und wenn man das, was unten ausgeschieden wird, einem weiteren Prozeß unterwerfen würde, wenn man fortfahren würde, es umzubilden, dann würde die letzte Metamorphose vorläufig sein das menschliche Gehirn . . .

Das Gehirn ist durchaus höhere Metamorphose der Ausscheidungsprodukte. Daher der Zusammenhang der Gehirnkrankheiten mit den Darmkrankheiten; daher auch der Zusammenhang der Heilung der Gehirnkrankheiten und der Darmkrankheiten.

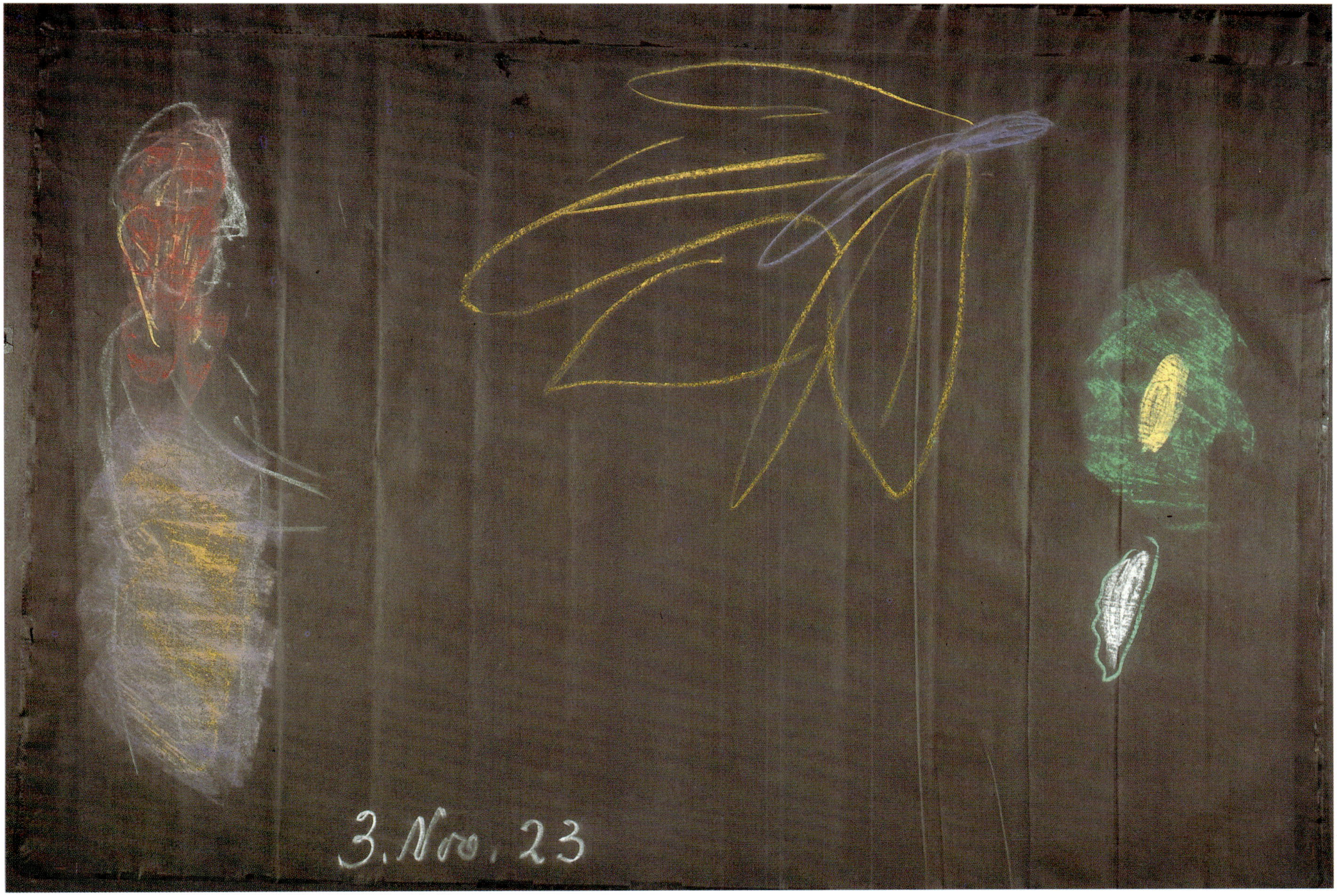

Tafel 13

Und das Weltenwort tönt

Die uralte Anschauung, die instinktivem Hellsehen entsprungen ist, daß die Welt aus dem Worte heraus gebildet ist, die ist eben eine tiefe Wahrheit. Aber das Weltenwort ist nicht irgendeine Silbenzusammensetzung aus wenigem, sondern das Weltenwort ist dasjenige, was aus unzähligen und unzähligen Wesen zusammentönt. Unzählige und unzählige Wesenheiten haben etwas zu sagen in der Weltentotalität, und das Weltenwort tönt aus diesen unzähligen Wesenheiten zusammen. Nicht die allgemein abstrakte Wahrheit, daß die Welt aus dem Worte geboren ist, kann uns das vollständig geben, sondern allein das kann es uns vollständig geben, wenn wir nach und nach konkret darauf kommen, wie aus den Stimmen der einzelnen Wesenheiten sich das Weltenwort in seinen verschiedenen Nuancen zusammensetzt, so daß diese verschiedenen Nuancen in die große Weltenharmonie und in die gewaltige Weltenmelodie hineintönen und reden.

Indem der Gnomenchor sein »Erstrebe zu wachen« ertönen läßt, ist das nur in die Gnomensprache umgesetzt, was als Kraft wirkt, um das menschliche Knochensystem, überhaupt das Bewegungssystem, zustande zu bringen. Und indem die Undinen »Denke im Geiste« rufen, rufen sie, ins Undinenhafte übersetzt, dasjenige, was als Weltenwort sich in den Menschen ergießt, um die Stoffwechselorgane zu gestalten. Indem die Sylphen, indem sie eratmet werden, herunterströmen lassen ihr »Lebe schaffend atmendes Dasein«, durchdringt, durchbebt und durchwebt den Menschen die Kraft, die ihn mit den Organen des rhythmischen Systems begabt.

Und was auf Feuerwesenart vom Weltenfeuermantel hereintönt wie mit Donnerstimme, wenn man darauf aufmerksam ist, das ist dasjenige, was im Abglanze, im Abbilde erscheint – denken Sie sich, es strahlt ja herein vom Weltenfeuermantel! Da strahlt die Kraft dieses Wortes herein! Und jedes Nerven-Sinnessystem des Menschen, sozusagen jeder Menschenkopf ist das kleine, das miniaturhafte Abbild dessen, was da in die Feuerwesensprache übersetzt heißt: »Empfange liebend Götterwillenskraft«. Dieses Wort »Empfange liebend Götterwillenskraft«, das ist dasjenige, was in höchsten Weltsubstanzen wirkt, und was, wenn der Mensch zwischem dem Tode und einer neuen Geburt seine Entwickelung durchmacht, umformt dasjenige, was er durch die Pforte des Todes hinausträgt, zu dem, was dann später die Nerven-Sinnesorgane des Menschen werden.

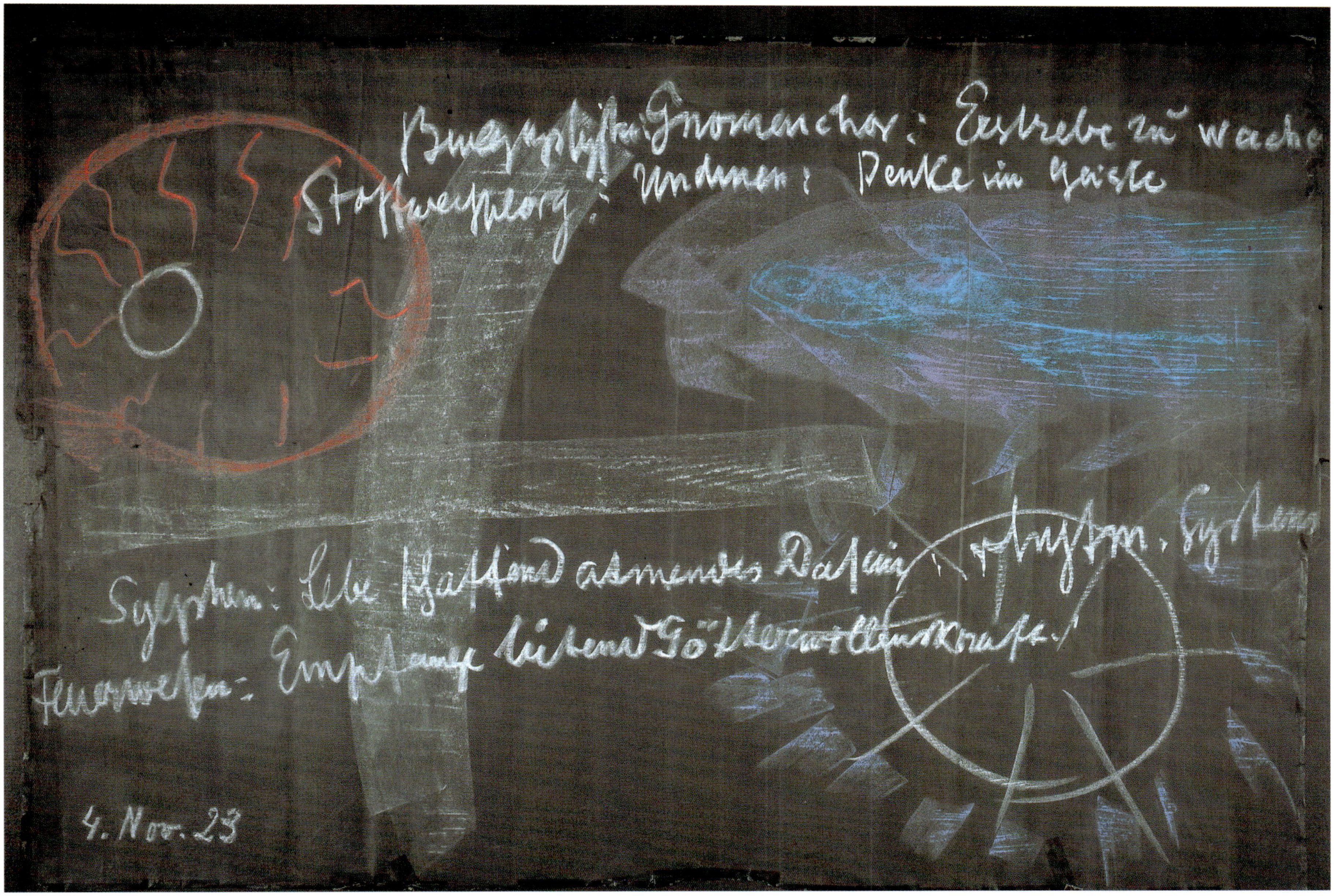
Gnomenchor: Erstrebe zu wachen
Stoffwechselorg.
Undinen: Denke im Geiste
Sylphen: Lebe schaffend atmendes Dasein
rhythm. System
Feuerwesen: Empfange liebend Götterwillenkraft!
4. Nov. 23

Tafel 14

Der letzte Ausklang des schaffenden, bildenden und gestaltenden Weltenwortes

Gnomen	Du träumst dich selbst Und meidest das Erwachen.	Ich halte die Wurzelwesenskraft – Sie schaffet mir den Formenleib.
Undinen	Du denkst die Engelwerke Und weißt es nicht.	Ich bewege die Wasserwachstumskraft – Sie bildet mir den Lebensstoff.
Sylphen	Dir leuchtet die Schöpfermacht, Du ahnst es nicht; Du fühlest ihre Kraft Und lebst sie nicht.	Ich schlürfe die luft'ge Lebekraft – Sie füllet mich mit Seinsgewalt.
Feuerwesen	Dir kraftet Götterwille, Du empfängst ihn nicht; Du willst mit seiner Kraft Und stoßest ihn von dir.	Ich däue die Feuerstrebekraft, Sie erlöst mich in Seelengeistigkeit.

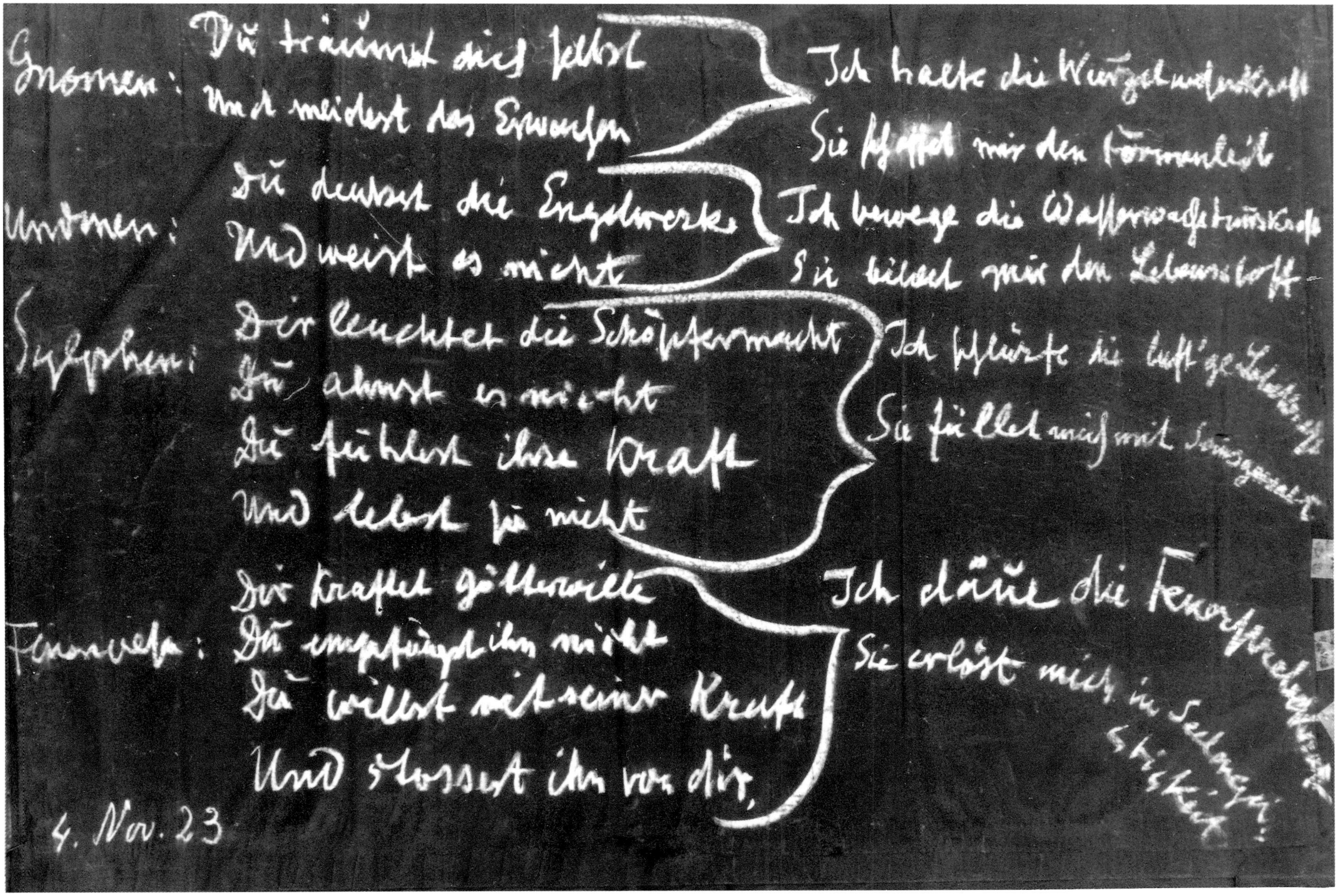
Gnomen: Du träumst dich selbst
Und meidest das Erwachen
Ich halte die Wurzelwesenkraft
Sie schaffet mir den Formenleib
Undinen: Du denkst die Engelwerke
Und weisst es nicht
Ich bewege die Wasserwachstumskraft
Sie bildet mir den Lebensstoff
Sylphen: Dir leuchtet die Schöpfermacht
Du ahnst es nicht
Du fühlst ihre Kraft
Und lebst sie nicht
Ich schlürfe die Luftlebekraft
Sie füllet mich mit Seinsgewalt
Feuerwesen: Dir kraftet Götterwille
Du empfängst ihn nicht
Du willst mit seiner Kraft
Und stossest ihn von dir
Ich däue die Feuerstrebekraft
Sie erlöst mich in Seelengeistigkeit
4. Nov. 23

Tafel 15

Was im Kosmos einer Beurteilung unterliegt

Wir gehen von der Ernährung über in die Heilung, indem der Mensch von unten herauf immer eigentlich die Tendenz hat, krank zu werden, und in seinem mittleren Organismus, in dem Zirkulationsorganismus fortwährend die Tendenz entwickeln muß, gesund zu bleiben. Indem so in unserem mittleren Organismus fortwährend die Impulse der Gesundung entstehen, lassen sie etwas gerade nach dem Kopfnerven-Sinnessystem zurück; und wir kommen dann als Drittes zu dem Nerven-Sinnessystem.
Was für Kräfte finden wir dann im Nerven-Sinnessystem? Wir finden im Nerven-Sinnessystem diejenigen Kräfte, die sozusagen der Arzt in uns zurückläßt. Er wirkt auf der einen Seite gesundend hinunter auf den Stoffwechselprozeß. Aber indem er gesundend auf den Stoffwechselprozeß wirkt, tut er ja etwas, was im ganzen Kosmos nun einer Beurteilung unterliegt. Und ich sage Ihnen nichts Phantastisches, sondern ich sage Ihnen etwas, das durchaus eine Realität ist: Es ruft dieser Vorgang, daß fortwährend in uns Gesundungsprozesse nach unten stattfinden, das Wohlgefallen der höheren Hierarchien hervor. Das ist die Freude der höheren Hierarchien an der Erdenwelt. Die schauen herunter und fühlen fortwährend das Aufsteigen der Krankheit aus demjenigen, was hinaufströmt in den Menschen vom Irdischen, was dableibt von den irdischen Eigenschaften der Stoffe. Sie sehen, wie die Impulse der aus dem Irdischen wirkenden Kräfte, die in der umkreisenden Luft und so weiter liegen, fortwährend Gesundungsprozesse sind. Das ruft das Wohlgefallen der höheren Hierarchien hervor.

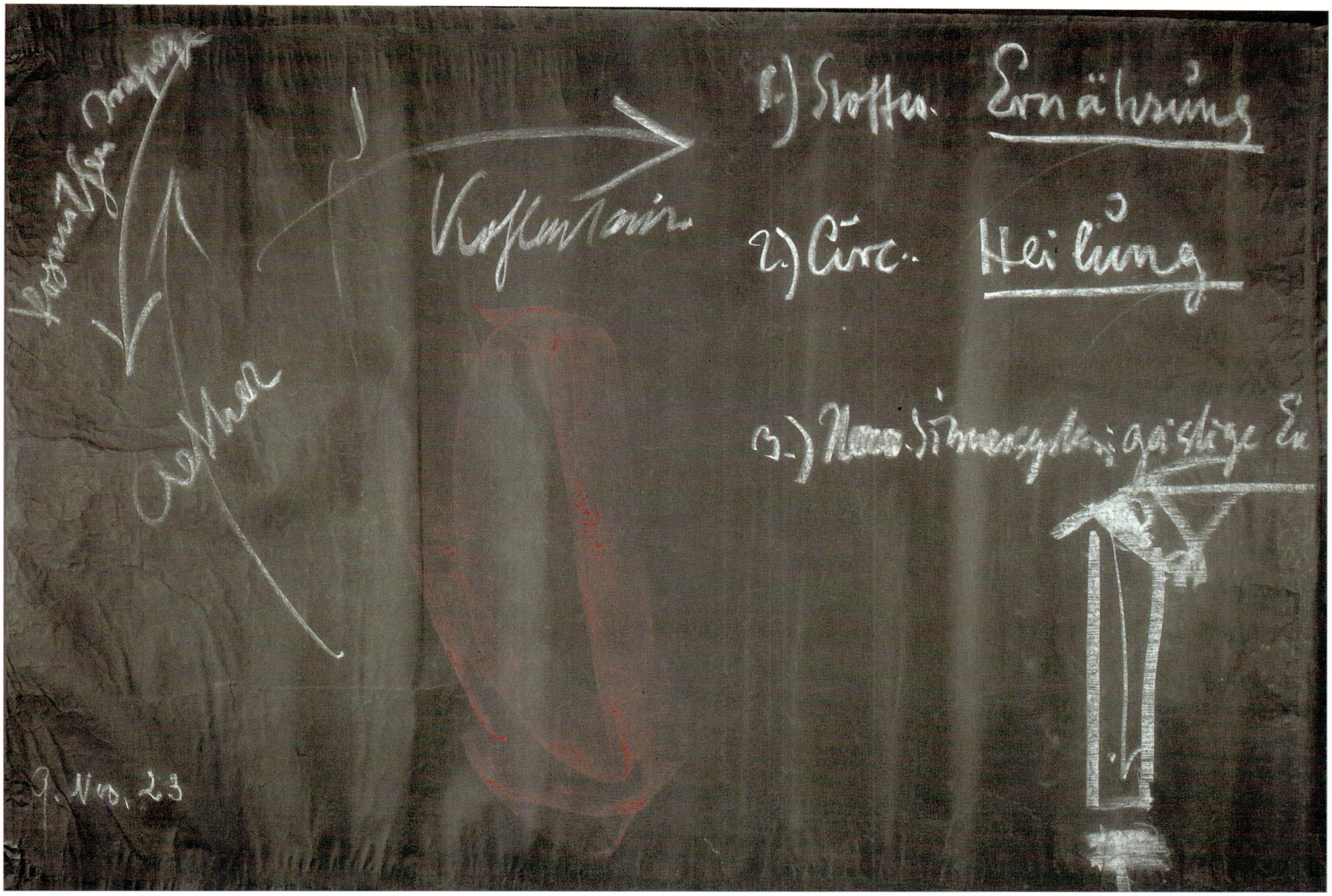

Tafel 16

Kräfte im Weltenall

Jetzt stellen Sie sich vor, was Sie studieren können an demjenigen Weltenkörper, der gewissermaßen als das würdigste geistige Studienobjekt an der Grenze unseres Planetensystems hingestellt worden ist. Da steht in der Mitte dasjenige, was in sich birgt die Kräfte, die, wenn wir sie auf Erden konzentriert denken, krankmachende Kräfte sind, und in der Umgebung zeigen sich die kreisenden Kräfte des Gesundmachens. Und wer für solche Sachen Empfänglichkeit hat, der sieht an den Saturnringen in einer solchen Ausprägung, wie man sie in dem, was die Erde umgibt, nicht wahrnehmen kann, weil man darinnen steht, das, was die kreisende Gesundheit ist. Dieser Saturnring ist noch etwas wesentlich anderes, als was die Astronomen von ihm sagen. Dieser Saturnring ist kreisende Gesundheit, und das Innere des Saturns ist das Kränkende, das Krankmachende, in reinster Konzentration gesehen.
Und so sieht man an dem Saturn, der an das äußere Ende unseres Planetensystems hingestellt ist, den gleichen Prozeß sich abspielen, den wir fortwährend durch unseren Stoffwechsel und durch unseren Zirkulationsorganismus in uns tragen. Aber wir sehen auch, wenn wir auf das hinschauen, wie unser geistiger Blick hingelenkt wird auf die Welt namentlich der zweiten Hierarchie und der ersten Hierarchie; der zweiten Hierarchie: Kyriotetes, Dynamis, Exusiai; der ersten Hierarchie: Seraphim, Cherubim, Throne.
Wenn wir aufmerksam sind mit dem geistigen Auge auf den Saturn und seinen Ring, werden wir hingelenkt auf diese oberen Hierarchien, wie sie, ich möchte sagen, wohlgefällig auf dieses Krankmachende und Gesundende hinblicken.
Dieses Wohlgefallen, das ist nun eine Kraft im Weltenall. Dieses Wohlgefallen der höheren Hierarchien durchströmt dann unser Nerven-Sinnessystem und bildet darinnen die Kräfte der geistigen Entwickelung des Menschen. Das sind die Kräfte, die gewissermaßen hinausblühen aus der Heilung, die fortwährend im Menschen vor sich geht.

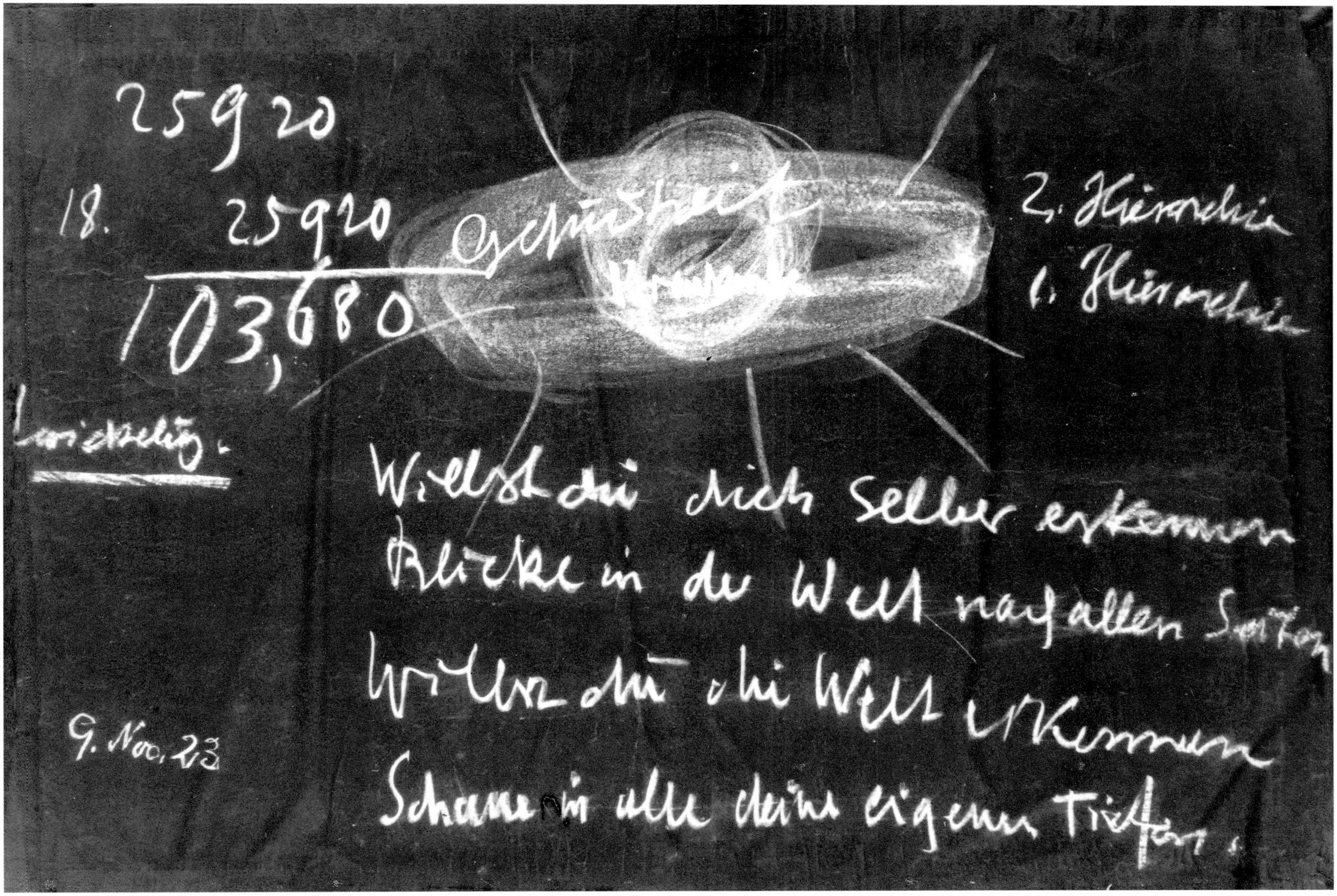
25920
18. 25920
103,680
Gesundheit
2. Hierarchie
1. Hierarchie
9. Nov. 23
Willst du dich selber erkennen
Blicke in die Welt nach allen Seiten
Willst du die Welt erkennen
Schaue in alle deine eigenen Tiefen.

Tafel 17

Wärme

Die äußere Wärme, die Wärme, die wir fühlen, wenn wir die Dinge angreifen, die äußere Wärme, die die Luft hat, sie muß, wenn sie vom menschlichen Organismus aufgenommen wird, umgewandelt werden so, daß tatsächlich die Wärme selbst im Menschen, wenn ich mich so ausdrücken darf, auf einem anderen Niveau liegt als außerhalb. Wenn ich das Wärmeniveau, das die äußere Wärme hat, mit diesem bezeichne, so muß sie, wenn sie von uns aufgenommen wird, innerlich etwas umgewandelt werden, so daß überall in das, worinnen wir nicht sind, in der äußeren Wärme, der Organismus eingreift. Auch in jedes kleinste Wärmequantum muß der Organismus eingreifen. Nun denken Sie sich, ich gehe durch die Kälte, und weil die Kälte zu groß ist, oder weil die Kälte in bewegter Luft oder im Luftzug flackert, bin ich nicht imstande, so schnell, wie es notwendig wäre, die Weltenwärme in meine eigene Wärme zu verwandeln. Dabei komme ich in die Gefahr, von der Weltenwärme erwärmt zu werden wie ein Stück Holz oder gar wie ein Stein, die von außen gewärmt werden. Das darf nicht sein. Ich darf nicht der Gefahr ausgesetzt werden, die äußere Wärme bloß wie einen Gegenstand in mich überfließen zu lassen. Ich muß in jedem Augenblicke in der Lage sein, von den Stellen meiner Haut an sofort die Wärme zu ergreifen und zu meiner eigenen zu machen. Bin ich das nicht imstande, so tritt die Erkältung ein.
Das ist der innere Vorgang der Erkältung. Die Erkältung ist eine Vergiftung durch äußere Wärme, die nicht vom Organismus in Besitz genommen worden ist.

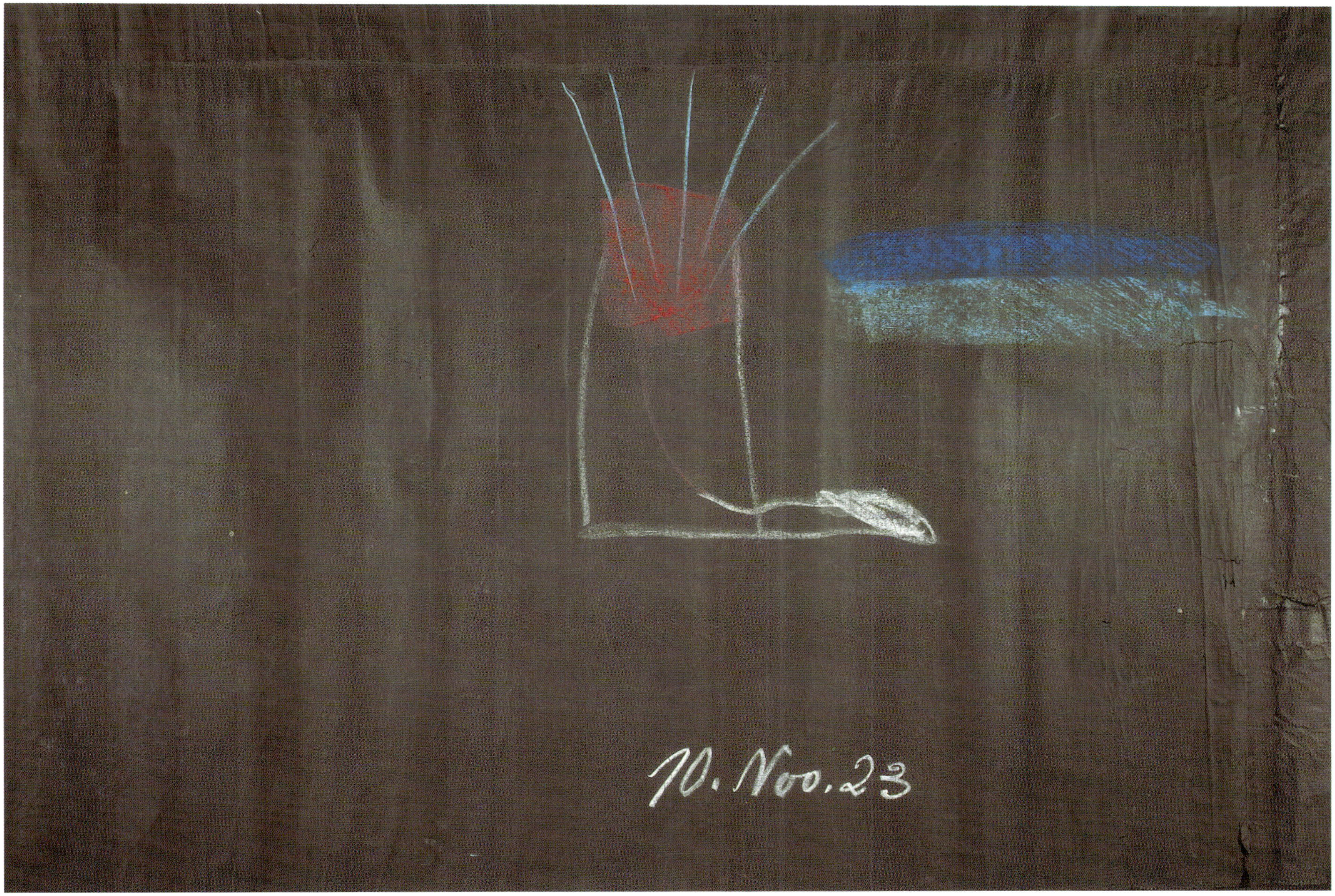

Tafel 18

Ein Kopf, der nach allen Seiten offen ist
Bienenstock und Honig

Da gibt es in der Natur etwas, was ein Kopf ist ohne die Schädeldecke, wo also von außen dieselben Kräfte wirken, die im Kopfe drinnen wirken, wo sie die Milch brauchen, sogar die Milch wieder erzeugen; denn das Kind muß die Milch erst in den wärmeätherischen Zustand überführen und sie dann wieder erzeugen. – Nun, ein Kopf, der nach allen Seiten offen ist, ist der Bienenstock. Dasjenige, was die Bienen treiben, ist eigentlich dasselbe, nur in der äußeren Welt – wir geben ihnen höchstens als Unterstützung den Bienenkorb –, was der Kopf im Inneren treibt; nur ist es da nicht abgeschlossen, sondern von außen bewirkt. Wir haben dann im Bienenstock drinnen unter dem schon äußeren geistigen Einfluß dasselbe, was wir hier im Kopf unter dem geistigen Einfluß haben. Wir haben da den Honig drinnen im Bienenstock, und wenn wir den Honig nehmen und genießen ihn als älterer Mensch, dann gibt er uns für das, was jetzt mehr von außen die gestaltenden Kräfte geben muß, dieselbe Macht und Gewalt, die uns die Milch für den Kopf während des kindlichen Alters gibt.
Während wir also Kinder sind, fördern wir vom Kopfe aus die plastischen Kräfte durch den Milchgenuß; brauchen wir im späteren Alter noch plastizierende Kräfte, dann müssen wir Honig essen, und wir brauchen ihn nicht in furchtbaren Quantitäten zu essen, weil es nur darauf ankommt, die Kräfte zu haben von ihm.

Also man sieht der äußeren Natur ab, wie man dem menschlichen Leben Förderungsimpulse zuführen muß, wenn man diese äußere Natur völlig versteht. Und wenn man ein Land ausdenken wollte, wo es schöne Kinder und schöne alte Leute gibt, was müßte das für ein Land sein? Das müßte ein Land sein, wo »Milch und Honig« fließt! Sie sehen also, ein altes instinktives Schauen hat gar nicht mit Unrecht gesagt von solchen Ländern, nach denen man sich sehnte: das sind solche, »wo Milch und Honig fließt«.

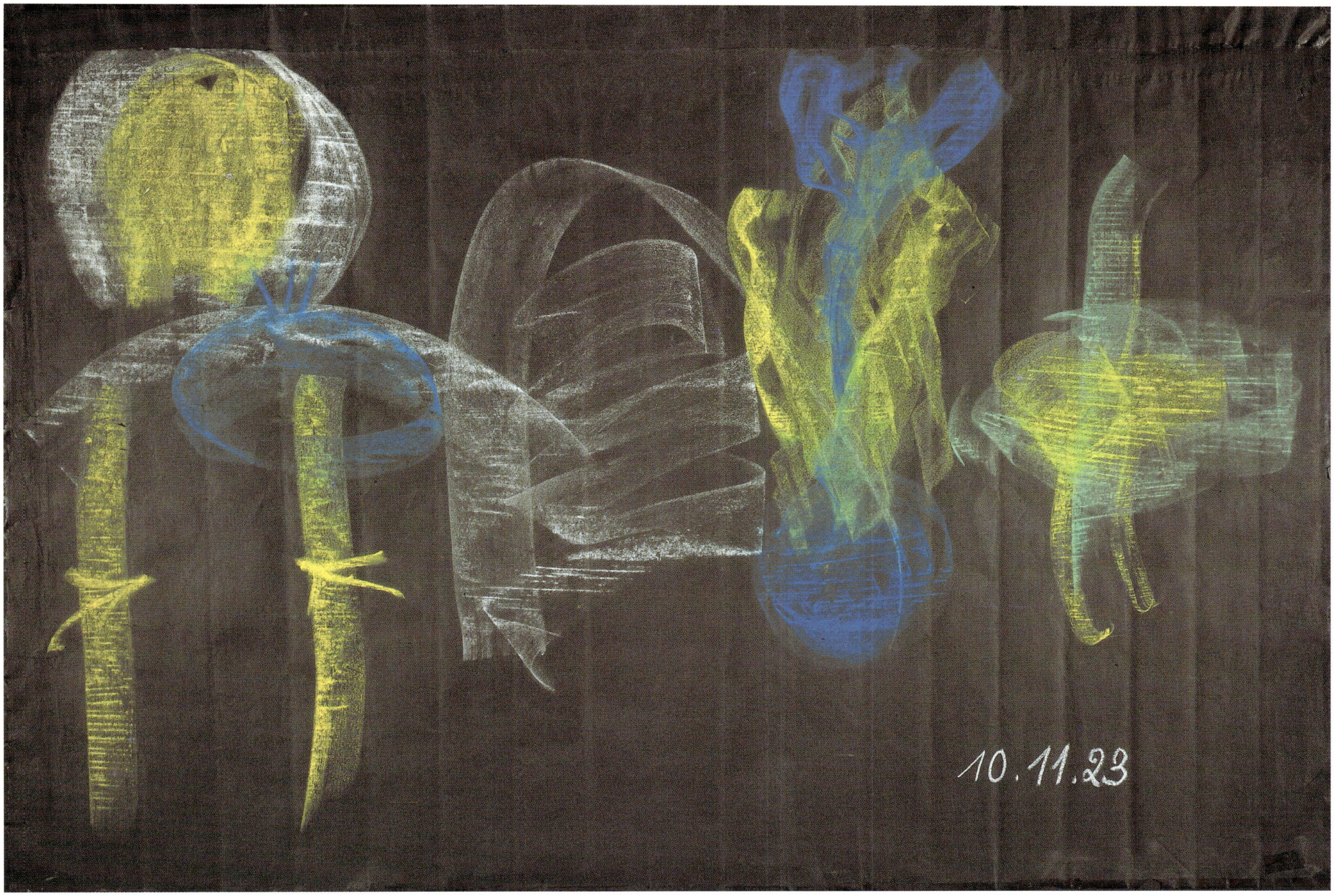

Tafel 19

Wenn wir mit den Fingern, mit den Zehen denken

So sieht man also, wenn man den Menschen verfolgt zwischen dem Tod und einer neuen Geburt, ihn zunächst, ich möchte sagen, weiter weben, indem er seine Gestalt nach und nach verliert von oben nach unten. Aber indem sozusagen das Letzte von unten verlorengeht, hat sich schon etwas gebildet, was eine wunderbare Geistgestalt ist, die in sich wie ein Abbild ist der ganzen Weltensphäre und die zu gleicher Zeit das Vorbild ist des künftigen Kopfes, den der Mensch an sich tragen wird. Da ist der Mensch eingewoben in eine Tätigkeit, an der sich nicht nur die Wesen der unteren Hierarchien, sondern die Wesen der höchsten Hierarchien, der Seraphim, Cherubim und Throne beteiligen.

Was geschieht da? Da geschieht eigentlich das Wunderbarste, was man sich überhaupt vorstellen kann als Mensch. Denn da geht dasjenige, was der Mensch als unterer Mensch hier im Leben gewesen ist, in die Kopfbildung über. Wenn wir hier auf Erden herumgehen, da haben wir nur unseren armen Kopf als das Organ des Vorstellens, als das Organ, das Gedanken trägt. Aber Gedanken sind auch die Begleiter unserer Brust, Gedanken sind die Begleiter namentlich unserer Gliedmaßen. Aber in dem Augenblicke, wo wir nun nicht bloß mit dem Kopf denken, sondern mit den Gliedmaßen zum Beispiel anfangen zu denken, in diesem Augenblick geht uns die ganze Realität des Karma auf. Wir wissen nichts von unserem Karma, weil wir immer nur mit diesem eigentlich oberflächlichsten Organ, mit dem Gehirn denken. In dem Augenblicke, wo wir mit den Fingern zu denken beginnen – und man kann gerade mit den Fingern, mit den Zehen viel heller denken, wenn man sich dazu aufgeschwungen hat, als mit den Nerven des Kopfes –, in dem Augenblicke, wo wir mit dem, was nicht ganz Materie geworden ist, mit dem unteren Menschen anfangen zu denken, sind unsere Gedanken die Gedanken unseres Karma. Wenn wir mit der Hand nicht bloß greifen, sondern denken, dann verfolgen wir mit der Hand denkend unser Karma. Und insbesondere mit den Füßen, wenn wir nicht bloß gehen, sondern wenn wir mit den Füßen denken, verfolgen wir mit besonderer Klarheit unser Karma. Daß der Mensch auf Erden so borniert ist – verzeihen Sie, es fällt mir halt kein anderes Wort ein –, das rührt davon her, daß er all sein Denken in diese Region des Kopfes einschließt. Aber man kann mit dem ganzen Menschen denken. Und wenn man mit dem ganzen Menschen denkt, so ist hier für die mittlere Partie eine ganze Kosmologie, eine wunderbare Weltenweisheit unser eigen. Und für die unteren Partien und für die Gliedmaßen überhaupt ist das Karma unser eigen.

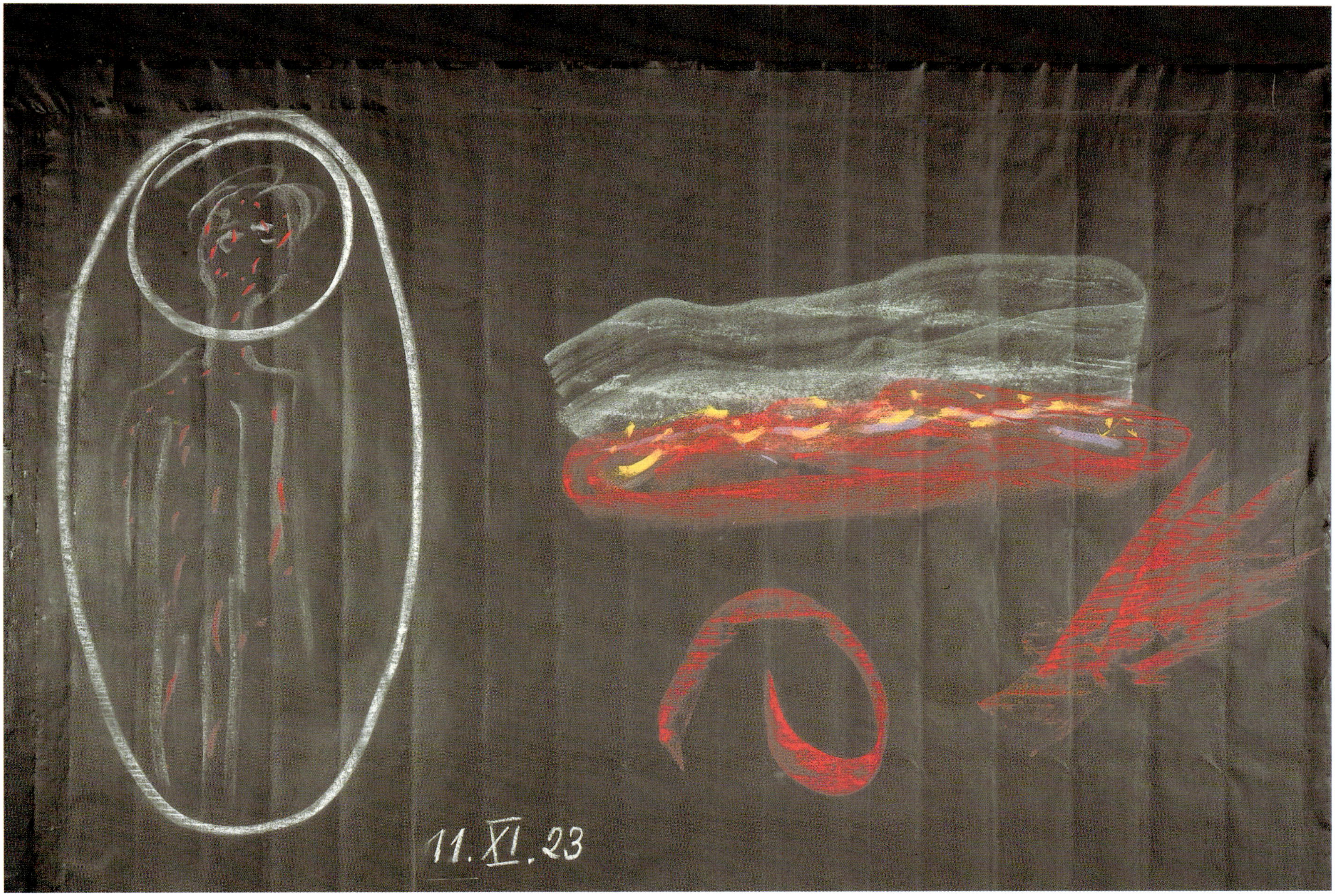

Tafel 20

DAS MITERLEBEN
DES JAHRESLAUFES IN VIER
KOSMISCHEN IMAGINATIONEN

Blühen = Verbrennen

Die Pflanzen haben sich entwickelt vom Frühling bis zu dem Herbst hin. Sie sind in die Samen geschossen. Was ist eigentlich der Samenprozeß? Indem die Pflanzen in den Samen schießen, findet in der Natur draußen etwas statt, was wir, ich möchte sagen, in einer menschlich stümperhaften Weise, aber immerhin doch fortsetzen, wenn wir uns die Pflanzen zu unserem Nahrungsmittel machen: Wir kochen die Pflanzen. Nun, dieses Hinaufgehen in die Blüte, dieses Erzeugen des Samens ist eine Naturkochung, ist ein Entgegengehen dem Schwefelprozeß. Die Pflanzen sind hinausgewachsen in den Schwefelprozeß. Sie sind am stärksten sozusagen verschwefelt, wenn der Hochsommer seine volle Entwickelung erlangt hat. Wenn der Herbst herannaht, dann gelangen die Verbrennungen zu ihrem Ende.
Natürlich ist im Organischen alles anders, als wir es draußen in den groben anorganischen Prozessen sehen, aber was sich ergibt bei jeder Verbrennung, ist Asche. Und zu dem, was auf ganz anderem Wege in der Salzbildung auftritt, was in der sozusagen im Inneren der Erde geforderten Salzbildung auftritt, zu dem tritt dasjenige hinzu, was gewissermaßen von der Besamung der Pflanzen, von dem Blühen der Pflanzen, von diesem Kochprozeß, von diesem Verbrennungsprozeß von jeder einzelnen Pflanze heruntergefallen ist auf den Erdboden. Das spielt eine große Rolle, die man gewöhnlich gar nicht berücksichtigt. Was in unserem Ofen geschieht, daß die Asche hinunterfällt, das spielt im Jahreslauf eine große Rolle auf Erden, denn von alledem, was Samenbildung ist, was im Grunde genommen eine Verbrennung ist, fällt fortwährend das Aschenhafte hinunter, und es ist die Erde vom Oktober an eigentlich ganz imprägniert mit Aschenbildung.
So daß wir, wenn wir im Tiefwinter die Erde betrachten, die innerliche Tendenz der Salzbildung haben, wir ferner haben in seiner bestimmtesten, ausgeprägtesten Form den Merkurbildungsprozeß, die Merkurbildung, und während wir in der Hochsommerzeit Rücksicht nehmen müssen auf den außerirdischen Kosmos in der Sulfurisierung, haben wir jetzt die Aschenbildung.

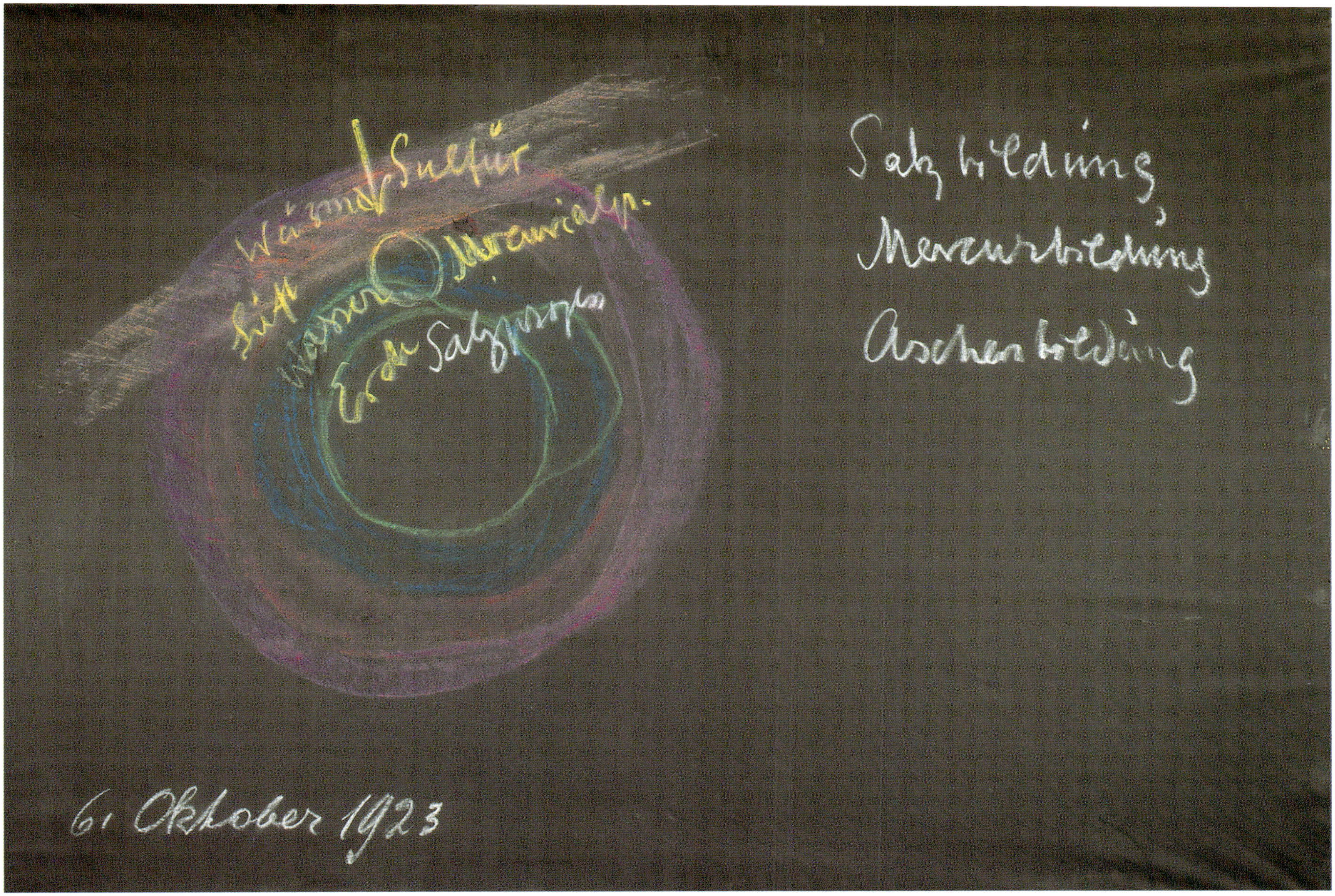
Wärme
Sulfur
Luft
Wasser
Erde
Salzbildung,
Merkurbildung
Aschenbildung
6. Oktober 1923

Tafel 21

Wenn die Erde Mond wird

Was wird die Mutter, wenn sie sich der Entwicklung eines neuen Menschen nähert? Ursprünglich, in der Verknüpfung des Menschen mit der Erde, ist das so, daß diejenigen Kräfte, die da Salzbildungs-Mondenkräfte sind, nach alledem, was vorangehen muß, damit ein neuer Mensch auf Erden entsteht, vorzugsweise Einfluß haben auf den weiblichen Organismus, insofern er sich vorbereitet, den neuen Menschen in sich auszubilden. Wir können also sagen: Während die Frau im übrigen eben im allgemeinen Mensch ist, so werden in der Zeit, wo sie der Entwicklung eines neuen Menschen entgegengeht, in ihr die Mondenkräfte, insofern sie die salzbildenden Kräfte in der Erde sind, am stärksten. Und man kann das geisteswissenschaftlich so ausdrücken: Die Frau wird Mond, wie die Erde im ganzen, wenn sie sich der Weihnachtszeit nähert, unmittelbar unter ihrer Oberfläche am meisten Mond wird.
Aber nicht nur, daß die Erde am meisten Mond wird, wenn die Tiefwinterzeit waltet, sondern dieses Mondwerden der Erde, das geschieht wieder, das geht wieder vor in der Art und Weise, wie sich die Frau vorbereitet, den neuen Menschen zu bekommen. Und nur dadurch, daß sich die Frau durch das Mondenwerden vorbereitet, den neuen Menschen zu bekommen, wird auch die Sonnenwirkung eine andere, wie in der Tiefwinterzeit die Sonnenwirkung eben eine andere ist als im Hochsommer. Und was da ausgebildet wird in der Frau als neuer Mensch, das steht ganz unter dem Einfluß der Sonnenwirkung. Dadurch, daß die Frau selber in sich so stark die Mondenwirkung aufnimmt, die Salzwirkungen aufnimmt, dadurch wird sie fähig, in sich abgesondert wiederum die Sonnenwirkungen aufzunehmen. Im gewöhnlichen Leben werden die Sonnenwirkungen vom menschlichen Organismus durch das Herz aufgenommen und verteilen sich in den ganzen Organismus. In dem Augenblicke, wo die Frau sich anschickt, einen neuen Menschen hervorzubringen, werden die Sonnenwirkungen konzentriert auf die Bildung dieses neuen Menschen. So daß wir schematisch sagen können: Die Frau wird deshalb Mond, damit sie die Sonnenwirkungen in sich aufnehmen kann. Und der neue Mensch, der da entsteht als Embryo, ist ganz und gar in diesem Sinne Sonnenwirkung. Er ist dasjenige, was entstehen kann durch die Konzentration der Sonnenwirkungen.

Tafel 22

Kohlensäure

Wenn im Frühling nun die Pflanzen zu sprießen beginnen, so assimilieren sie Kohlensäure, ziehen Kohlensäure ein. Und diese Kohlensäure ist etwas, was ja, weil die Pflanzendecke da ist, gewissermaßen im Frühling in einer höheren Region wirkt als im Winter; sie zieht sich hinauf, die Kohlensäure, nämlich in die Region, welche die Region der Pflanzen ist. Wenn also im Frühling die Pflanzen zu sprießen beginnen, dann wird diese Kohlensäure angezogen von den luziferischen Wesenheiten. Und während die ahrimanischen Wesenheiten eine Art astralischen Regens anstreben, um den lebendigen Kalk auch zu beseelen, erstreben die luziferischen Wesenheiten eine Kohlensäureerhebung, eine Art Kohlensäureverdunsten von der Erde aus nach oben hin. Wenn sie das zuwege bringen würden, so würde auf Erden das Atmen aufhören müssen, und sie würden alles das, was der Mensch an sich hat ohne den physischen Atem, sein Ätherisches, hinaufziehen, und durch ihre Verbindung mit dem Ätherischen des Menschen würden sie in die Lage kommen, ätherische Wesenheiten zu werden, während sie so nur astralische Wesenheiten sind. So daß – mit Vernichtung dessen, was unten an Menschlichem und Tierischem ist – da oben eine Hülle von ätherischen Engelwesen sein würde. Das ist wiederum etwas, was, wenn der März, Ende März kommt, die luziferischen Geister anstreben und erhoffen. Sie erhoffen, die ganze Erde eigentlich in eine solche feine Erdenschale zu verwandeln, in der sie, verdichtet durch die Äthernatur der Menschen, ihr Wesen treiben können.

Tafel 23

Kalk

Wenn die ahrimanischen Wesenheiten ihre Hoffnungen erfüllt bekämen, dann müßte die ganze Menschheit sich allmählich auf Erden auflösen. Die Erde würde den Menschen aufnehmen. Es würde zuletzt entstehen aus der Erde – das ist auch die Absicht Ahrimans – eine große Wesenheit, in der alle Menschen gewissermaßen aufgelöst wären. Sie wären verbunden mit dieser großen einheitlichen Erdenwesenheit. Aber der Übergang zu diesem Verbundensein mit dieser Erdenwesenheit würde darin bestehen, daß der Mensch zunächst in seinem ganzen Organismus immer ähnlicher und ähnlicher würde dem lebendigen Kalk. Er würde lebendigen Kalk mit seinem Organismus verbinden und immer mehr verkalken. Er würde dadurch metamorphosieren, umwandeln seine Gestalt in eine Gestalt, die dann ganz anders aussehen würde, die etwa so aussehen würde: eine sklerotisierte Gestalt mit einer Art Fledermausflügeln und diesem Kopf. Die würde eben in der Lage sein, sich allmählich in dem Irdischen aufzulösen, so daß das Irdische dann auf ahrimanische Art als ganze Erde ein irdisch-lebendiges Wesen wäre.

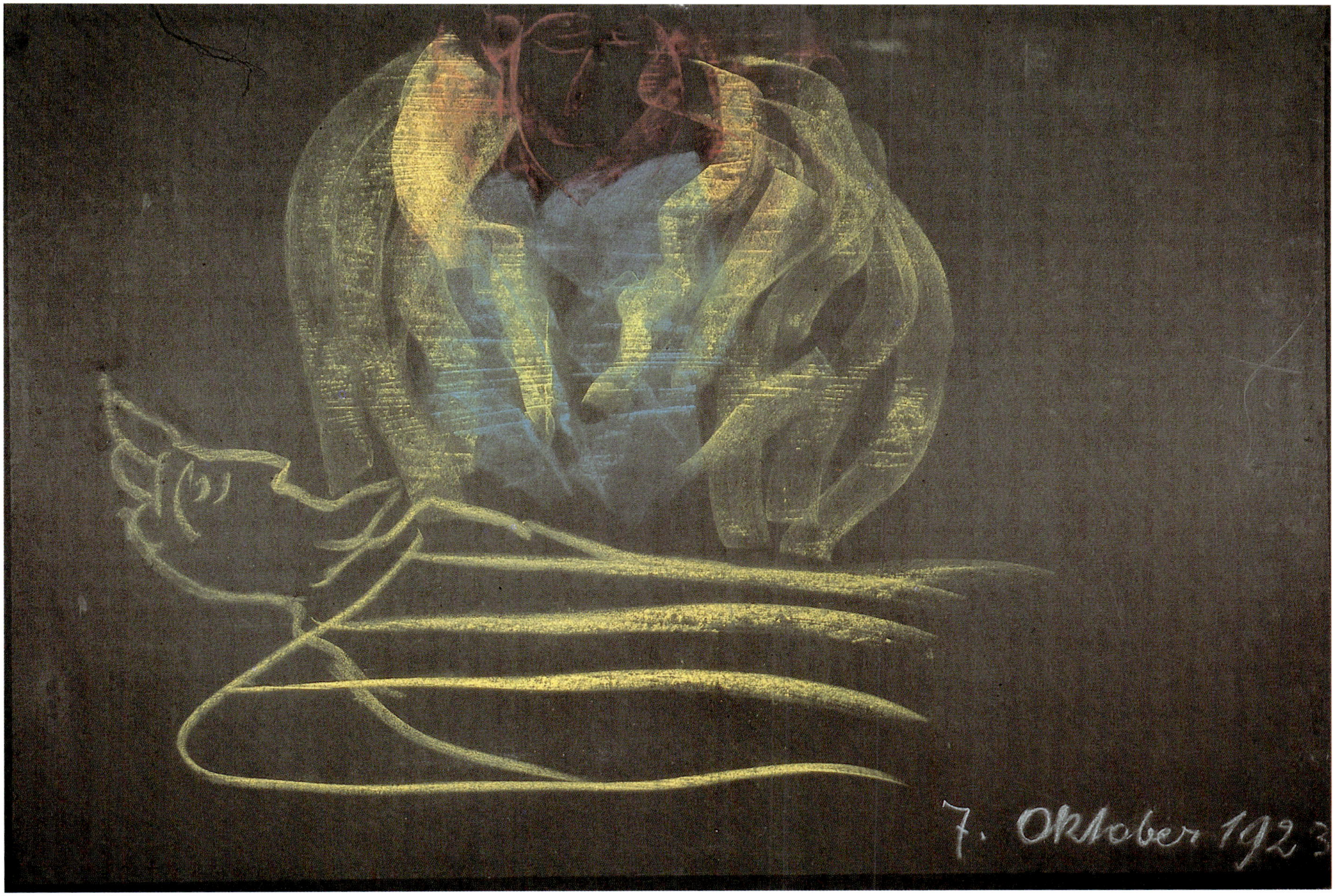

Tafel 24

Es werden Stoffe verdichtet, es werden Fehler gerichtet, es werden Herzen gesichtet.

Und hat man nun den Eindruck bekommen des Zusammenhanges des Menschen in bezug auf seine Moralität mit dem unteren Kristallhaften und mit dem oberen, in Schönheit erglänzenden menschlichen Tugendhaften, hat man diesen Zusammenhang des Menschen in sein innerliches Erleben aufgenommen, dann tritt einem entgegen die eigentliche Johanni-Imagination; dasjenige, was Johanni-Imagination ist, steht da, wie die Michael-Imagination, die ich Ihnen beschrieben habe, wie die Weihnachts-Imagination, die Oster-Imagination:

Dann erscheint, wie eine Art Zusammenfassung, dieses Bild, das sich dem beobachtenden Geistesblicke ergibt: Oben, gewissermaßen beleuchtet durch die Augenkraft des Uriel, die Taube (weiß). Es ballt sich zum Bilde zusammen dasjenige, was unten silbererglänzende Bläue ist, was die Erdentiefen, verbunden mit den menschlichen Untüchtigkeiten und Fehlern darstellt, es konsolidiert sich in dem Bilde der Erdenmutter (blau), ob Sie es nun Demeter, ob Sie es Maria nennen. So daß, wenn man den Blick nach unten richtet, man eigentlich nicht anders kann, als in Imagination alle diese Geheimnisse der Tiefen zusammenzufassen als dasjenige, was die Stoffmutter alles Daseins ist, während man in dem, was sich oben konzentriert, in der fließenden Gestalt, alles das empfindet, was der Geistvater alles Daseins um uns herum ist.

Und nun schaut man das Ergebnis des Zusammenwirkens des Geistvaters mit der Stoffmutter; dasjenige, was im schönsten Maße den Zusammenklang in sich trägt von Silber-Erdenwirkung und Goldes-Himmelswirkung: zwischen dem Vater und der Mutter den Sohn. So daß diese Imagination der Dreifaltigkeit auftritt, welche die eigentliche Johanni-Imagination ist. Der Hintergrund ist der schaffende, schauende, mahnende Uriel.

Geistvater
Kosmischer Wille
Es werden Stoffe verdichtet
Es werden Fehler gerichtet
Es werden Herzen gesichtet.
12. Oktob. 1923

Tafel 25

MYSTERIENGESTALTUNGEN

Wie ein atmen im Lichte

Im Grunde genommen ist es für denjenigen, der nun in der richtigen Weise bewußt mit Imagination etwas so anschauen kann, daß er, wenn es ihm gelingt, das gewöhnliche Denken mitgehen zu lassen mit den die Gestalten und Farben verwandelnden Wolken, wenn er sozusagen seinen Gedanken die Möglichkeit gibt, statt scharfe Umrisse zu haben, sich zu metamorphosieren, sich zu wandeln, wenn die Gedanken selber so weit und wieder eng werden, wenn sie mitgehen mit den Wolkengebilden, wenn sie Gestalt und Farben der Wolkenbildungen mitmachen: dann ist es so, daß der Mensch wirklich beginnt, dieses Farbenspiel über den Wolken, insbesondere des Abend- und Morgenhimmels, anzusehen wie ein Farbenmeer, in dem sich luziferische Gestalten bewegen. Und wenn beim Menschen durch den aufsteigenden Nebel Stimmungen der Melancholie angeregt werden, dann ist es hier so, daß seine Gedanken, damit aber auch sein Gemüt gewissermaßen in einer übermenschlichen Freiheit atmen lernen beim Anblicke dieses luziferisch flutenden Lichtmeeres. Das ist eine besondere Beziehung, die der Mensch zu der Umgebung eingehen kann, denn da kann er tatsächlich bis zu dem Gefühle sich aufschwingen, daß sein Denken ist wie ein Atmen im Lichte. Der Mensch fühlt das Denken wie ein Atmen, aber wie ein Atmen im Lichte.

Tafel 26

Kosmische Poesie

Das ist eigentlich ein merkwürdiger Zusammenhang. Vom kosmischen Aspekt aus ist die Medizin kosmische Poesie, wie überhaupt viele Geheimnisse der Welt darin bestehen, daß dasjenige, was auf einem Niveau der Welt etwas Krankhaftes ist oder zum Krankhaften führt, auf dem anderen Niveau ein Höchstes, ein Vollkommenstes, ein Schönstes ist. – Nun, das stellt sich dar, wenn die inspirierte Erkenntnis herandringt an die Metalladern der Erde, an das Metallische der Erde. ... Wenn Sie sich die Erde vorstellen: da unten haben Sie die verschiedensten Metalle, aber in fein verteiltem Zustand sind diese Metalle auch überall da droben; ich möchte sagen, in einer feinen Weise verdunsten die Metalle. Da unten also unter der Erde sind die Metalle in Begrenzungskonturen, in einer sich geschlossenen Gestalt, wenn wir weiter hinunter kommen allerdings in feuerig-flüssiger Art; aber in der Umgebung der Erde sind sie in feinverteiltem Zustande, und da zeigen sie sich in einem fortwährenden Strahlen, so daß eigentlich ein Strahlen in den Weltenraum hinausgeht. Die Metalle strahlen in den Weltenraum hinaus. Aber das ist so, daß da eine innere Elastizität ist im Weltenraum. Die Kräfte, die da hinausdringen, dringen nämlich nicht, wie die Physiker es sich von Lichtstrahlen vorstellen, überall ohne Grenze hin, sondern sie gehen nur bis zu einer gewissen Grenze und kommen dann wieder zurück. Und man kann die Rückstrahlkräfte der Metalle so schauen, als ob sie von der Peripherie des Weltenalls zurückkämen, überall hinkämen. Und man merkt, daß diese zurückstrahlenden Kräfte tätig sind da, wo uns innerhalb des Menschenlebens eigentlich das Herrlichste, Wunderbarste entgegentritt: wenn das Kind gehen, sprechen und denken in der ersten Zeit des Erdenlebens lernt.

Tafel 27

Tafel 28

Die dreifache Schöpfung

So würde sich einem Menschen, der, von heute ausgehend, statt durch den Raum durch die Zeit wandernd, zurückwandernd in jene Zeit, die das lemurische Zeitalter mit dem atlantischen verbindet, ein besonderer Anblick darbieten: solche riesigen fliegenden Eidechsen mit einer Laterne auf dem Kopf, die leuchtet und wärmt; unten etwas wie eine weiche, morastartige Erde, die aber etwas außerordentlich Anheimelndes hat, weil sie dem Besucher von heute eine Art von Geruch darbieten würde, der zwischen Moderduft und dem Duft der grünenden Pflanzen mitten drinnen steht. Etwas Verführerisches auf der einen Seite und außerordentlich Sympathisches auf der anderen Seite würde dieser Schlamm der weichen Erde darbieten. Und da drinnen wiederum, sich wie Sumpftiere fortbewegend, sind dann diese anderen Tiere, die schon mehr Gliedmaßen haben, die an die heutigen niedern Säugetiere erinnern, die aber so nach unten ausgeweitet sind, daß sie unten solche mächtige Dinge haben, Scheiben, mit denen sie in diesem Sumpf sich fortbewegen, aber auch wiederum auf- und abwiegen.

Sehen Sie, diese ganze Absonderung mußte die Menschheit durchmachen, damit dem Menschen selbständiges Fühlen vorbereitet werden konnte für sein Erdendasein.

So haben wir eine erste vegetabilisch-animalische Schöpfung, die eigentlich in Absonderungsprodukten des Menschen besteht, und die das vorbereitete, daß er als irdisches Menschenwesen ein wollendes Wesen werden konnte. Wäre das alles in ihm geblieben, dann hätte das sein Wollen übernommen. Sein Wollen wäre ganz physisches Geschehen geworden. Dadurch, daß er das ausgesondert hat, ist das Physische von ihm fort, und das Wollen nimmt einen seelischen Charakter an. Ebenso nimmt durch diese zweite Schöpfung das Fühlen einen seelischen Charakter an.

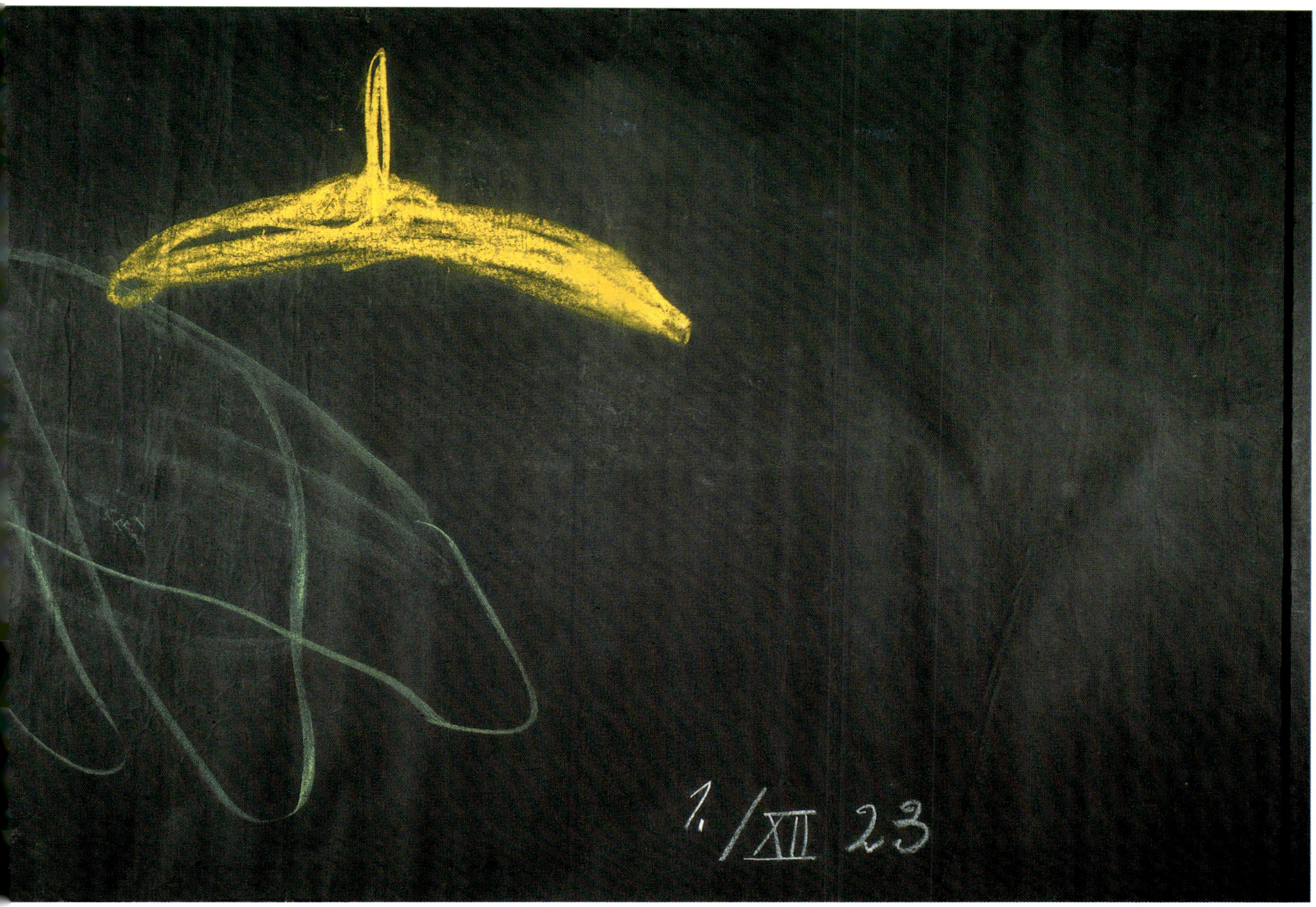

Tafel 29

Und erst in der späteren atlantischen Zeit, so in der Mitte der atlantischen Zeit, da entstehen Säugetiere und diese Pflanzen, Pflanzen und Tiere, die schon den unseren ähnlich sind. Da wird auch die Erde schon so gestaltet, daß sie durchaus ähnlich ausschaut dem, was sie jetzt ist. Dadurch gibt es schon die chemischen Substanzen, die Substanzen, die der heutige Chemiker kennt. Dadurch kommt schon allmählich das zustande, was Kohlenstoff, Sauerstoff, was die alkalischen, die schweren Metalle sind und dergleichen. Damit aber kann der Mensch das Dritte absondern von sich, dasjenige, was er heute in seiner Umgebung als pflanzliche, tierische Welt findet. Und indem er dies absondert, indem diese ihn umgebende Schöpfung um ihn herum entsteht, wird er vorbereitet für sein Erdendasein zu einem denkenden Wesen.

Diese Vorgänge sind also so, daß der Mensch, die Menschheit eigentlich dem Weltenall angehört und sich selbst die Erdenumgebung zubereitet, indem sie ihre Ausscheidungen, die die anderen Naturreiche sind, in den Erdenbereich hereinschickt. Da sind sie nun im Erdenbereich, da umgeben sie den Menschen. Und da kann der Mensch sagen: Indem er diese Ausscheidungen in den Erdenbereich hereingeschickt hat, hat er in sich allmählich dasjenige entwickelt, was ihn als Erdenmenschen ausstattet mit Wollen, Fühlen, Denken. Denn das, was der Mensch heute ist, das auf organisch-physischer Grundlage während der Lebenszeit zwischen der Geburt und dem Tode ruhende denkende, fühlende, wollende Wesen, das hat sich ja erst in der Zeit entwickelt und das steht im Zusammenhange mit den Wesenheiten, die um der menschlichen Entwicklung willen sich im Laufe der Zeit aus dem Menschlichen herausgeschieden haben und in dieser Herausgeschiedenheit sich wiederum erst zu ihren heutigen Formen umgewandelt haben.

Logos, das Wort der Welt

Der Mensch fühlt ja zunächst hauptsächlich sein Haupt als den Erdenplaneten umfassend.
Die Vorgänge also, die ich schildern konnte, die fühlt der Mensch als Vorgänge in sich. Aber wie fühlt er sie in sich? Sehen Sie, alles das, was ich Ihnen hier geschildert habe als Aufsteigen des Kalkigen, Verbinden des Kalkigen mit dem Eiweißgeronnenen, wieder Herunterkommen, Herunterholen des Tierwesens auf die Erde, das erlebt der Mensch in dieser Zeit so, daß er es hört. Der Mensch erlebt es ja innerlich. Sie müssen sich nur vorstellen, der Mensch erlebt es innerlich. Er hört es. Diese Bildung, die da entsteht, indem der Kalk das Eiweißgerinnsel ausfüllt, knochig, knorpelig macht, das, was da sich bildet, das ist etwas wie im Ohr Gefühltes, Gehörtes. Das Weltengeheimnis wird gehört. Tatsächlich vernimmt man auch in der Erinnerung, in dieser metallinisch erzeugten Erinnerung, diese Vergangenheit der Erde so, als ob man dies, was ich beschrieben habe, erklingen hörte. Und in diesem Erklingen webt und lebt noch das Weltengeschehen drinnen.
Ja, was ist denn das, was man da hört? Dieses Weltgeschehen, als was enthüllt es sich, als was offenbart es sich denn? Es offenbart sich als das Wort der Welt, als der Logos. Es erklingt der Logos, das Weltenwort in dem aufsteigenden und abwogenden Kalkigen. Und man vernimmt schon, wenn man diese Sprache in sich vernehmen kann, noch etwas anderes. Da wird einem das zu etwas durchaus Möglichem.
Meine lieben Freunde, man steht vor einem menschlichen, vor einem tierischen Skelett. Das, was äußere Anatomie darüber sagt, ist ja etwas so Äußerliches, etwas so schändlich Äußerliches diesen Formen gegenüber. Was sagt man sich, wenn man in innerlichem Zusammenhang mit dem Natur- und Geisteswesen dieses Skelett anschaut? Man sagt sich: Schaue das doch nicht bloß an. Es ist entsetzlich, das bloß in seinen Formen anzuschauen, dasjenige, was da steht als Wirbelsäule mit den wunderbar gebildeten, aufeinandergeschichteten Wirbelknochen, mit den Rippen, die herauskommen und sich nach vorne beugen und biegen, mit der wunderbaren Artikulierung, wie sich die Wirbel umsetzen in die Schädelknochen, und der noch schwerer zu durchschauenden Artikulierung, wie sich die Rippen, die sich nur wie gleichförmige Bögen um die Brust herumschlingen, dann gewissermaßen scharf artikulierend ausbilden zu den Armknochen, zu den Beinknochen. Diesem Geheimnis des Skelettes gegenüber kann man gar nicht anders, als sich etwas ganz Bestimmtes zu sagen. Es ist tatsächlich so, daß man sich sagt: Höre doch das alles, schaue es dir doch nicht bloß an, höre das alles – höre, wie ein Knochen in den andern sich verwandelt.
Das spricht ja.

Logos
Maya
Schaue den Logos
Im sengenden Feuer,
Finde die Lösung
In Dianens Haus
2. XII. 23

Tafel 30

Innen und Aussen

Heute fühlen wir uns in einem gewissen Sinne begrenzt durch unsere Haut, und wir sagen, daß wir als Mensch dasjenige sind, was innerhalb der Haut ist. Es ist natürlich ein gewaltiger Irrtum, denn sobald wir zu dem, was luftförmig im Menschen ist, kommen, ergibt sich sogleich das Unsinnige, sich abgegrenzt zu fühlen innerhalb seiner Haut. Ich habe es ja oft gesagt: die Luftmasse, die ich jetzt in mir habe, war vor kurzer Zeit noch nicht in mir, und die Luftmasse, die in einer kurzen Zeit in mir sein wird, ist draußen. So daß wir uns auch heute nur dann in der richtigen Weise als Mensch fühlen, wenn wir uns in bezug auf Luftförmigkeit nicht abgeschlossen denken von der äußeren Welt. Wir sind überall da, wo die äußere Luft ist. Es ist im Grunde genommen kein Unterschied, ob Sie jetzt ein Stück Zucker im Munde haben, das Sie dann im nächsten Augenblick im Magen haben und das dann einen gewissen Weg durchgemacht hat, oder ob irgendeine Luftmasse in diesem Augenblicke da draußen ist und im nächsten Augenblicke in Ihrer Lunge. Das Stück Zucker macht diesen Weg durch; die Luft macht eben diesen andern Weg durch die Luft- und Atmungsorgane durch. Und derjenige, der nun das hier nicht zu sich rechnet, der soll nur seinen Mund auch nicht zu sich rechnen, sondern soll seinen Körper erst beim Magen beginnen lassen. Also es ist schon dem gegenwärtigen Menschen gegenüber eigentlich ein Unsinn, sich innerhalb der menschlichen Haut als abgeschlossen zu denken.

Tafel 31

DIE WELTGESCHICHTE

IN ANTHROPOSOPHISCHER
BELEUCHTUNG UND ALS
GRUNDLAGE DER ERKENNTNIS
DES MENSCHENGEISTES

MYSTERIENSTÄTTEN
DES MITTELALTERS

ESOTERISCHE BETRACHTUNGEN
KARMISCHER ZUSAMMENHÄNGE

DAS INITIATEN-BEWUSSTSEIN

So fühlte der Mensch

Der Mensch kommt an die Erde heran aus dem Weltenall (gelb). Die Zahl kommt ja nicht in Betracht, da, wie ich schon gestern sagte, die Menschen ineinanderstaken. Er sondert alles Pflanzliche ab, und die Erde nimmt das Pflanzliche auf und gibt ihm das Wurzelhafte (dunkelgrüne Striche). – So fühlte der Mensch, wie wenn er mit dem Pflanzenwachstum gewissermaßen die Erde umschlungen hätte (rote Umhüllung), und wie wenn die Erde dankbar gewesen wäre für dieses Umschlungenwerden und aufgenommen hat dasjenige, was ihr der Mensch an wäßrig-luftigen Pflanzenelementen zuhauchen konnte. Und diejenigen, die solches fühlten, die fühlten sich in bezug auf dieses Pflanzenbringen zur Erde als innig verwandt mit dem Gotte, mit dem Hauptgotte des Merkur. Durch diese Empfindung, man habe selber die Pflanzen auf die Erde gebracht, kam man in eine besondere Beziehung zu dem Gotte Merkur.
Dagegen fühlte man gegenüber den Tieren: man konnte sie nicht mit auf die Erde bringen, man mußte sie absondern, man mußte sich freimachen von ihnen, sonst hätte man die menschliche Gestalt nicht in der richtigen Weise entwickeln können. Man schob gewissermaßen die Tiere von sich ab, so daß die Tiere eben weggeschoben wurden vom Menschen (rote Striche nach außen) und dann für sich eine Entwickelung durchmachen mußten auf einer niedrigeren Stufe, als der Mensch selber steht. So fühlte sich auf der einen Seite der alte Mensch gerade der Gilgamesch-Zeit und der folgenden Zeit hineingestellt zwischen das Tierreich und das Pflanzenreich. Dem Pflanzenreich gegenüber fühlte er sich als der Träger, der die Erde sozusagen besamt in Vertretung der Götter. Dem Tierreich gegenüber fühlte er sich so, als ob er es von sich abgestoßen hätte, um Mensch zu werden ohne die Belastung mit den Tieren, die dadurch verkümmert sind. Der ganze ägyptische Tierdienst hängt übrigens mit dieser Anschauung zusammen. Vieles in Asien drüben von jenem tiefen Mitleid, das man da findet gegenüber den Tieren, hängt damit zusammen. Und es war eben eine großartige Naturanschauung, die so fühlte die Verwandtschaft des Menschen mit der Pflanzenwelt auf der einen Seite, mit der tierischen Welt auf der anderen Seite. Der Tierwelt gegenüber fühlte man die Befreiung, der pflanzlichen Welt gegenüber fühlte man die innige Verwandtschaft mit ihr. Man fühlte als Mensch die Pflanzenwelt als ein Stück von sich selber, und man fühlte die Erde in inniger Liebe, weil die Erde dieses Stück Menschentum, das die Pflanzen sind, in sich aufgenommen hat, in sich einwurzeln ließ, ja sogar aus ihrem Material sie mit Rinde überzog in den Bäumen. Überall war Moralisches in der Beurteilung der physischen Umwelt vorhanden. Man ging an die Pflanzen der Wiese heran und empfand in diesen nicht nur das natürliche Wachstum, sondern eine moralische Beziehung des Menschen zu diesem Wachstum. Man empfand den Tieren gegenüber wieder eine moralische Beziehung: man hat sich über sie hinausgerungen.

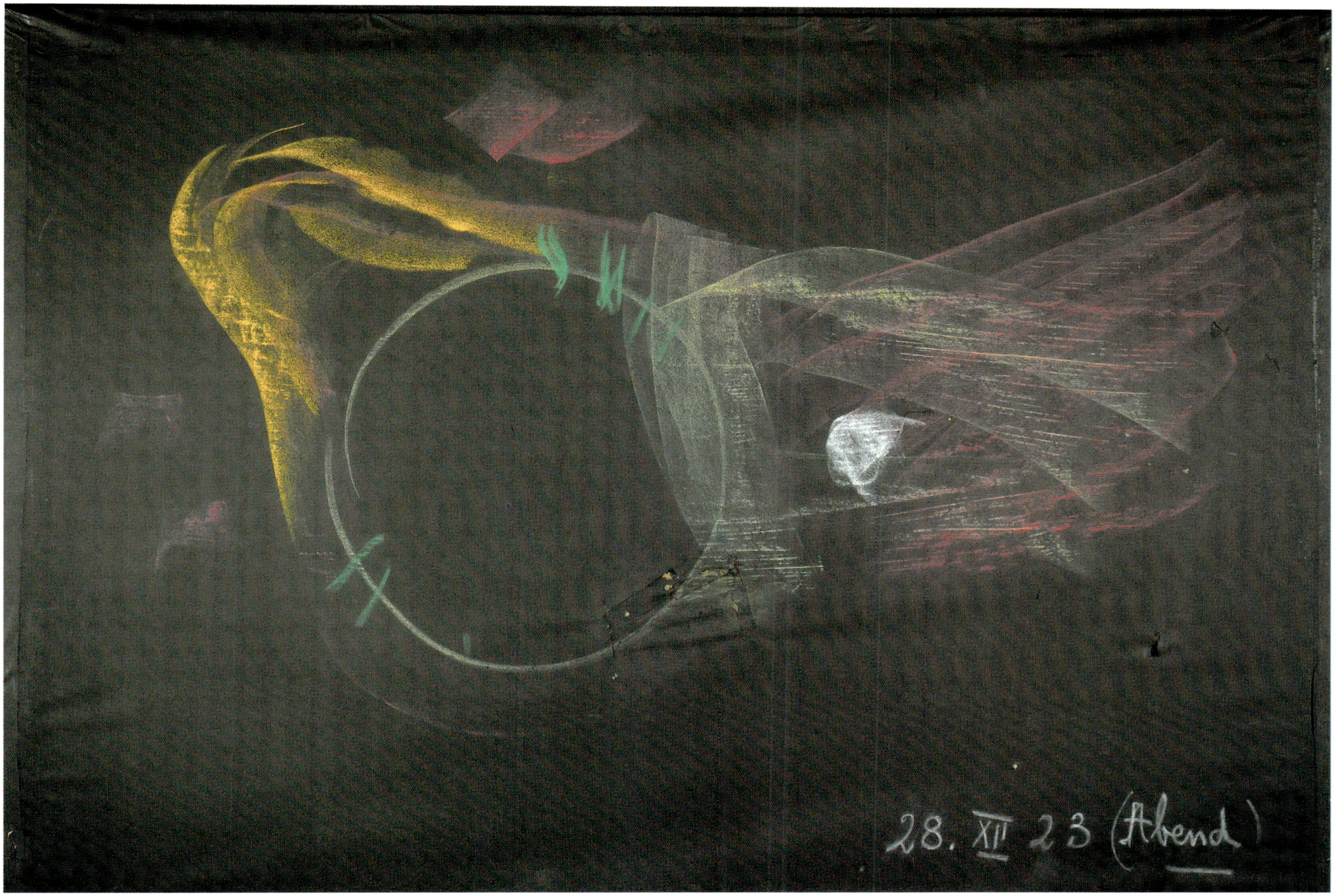

Tafel 32

Zeitengedächtnis

Erleben – Erinnern – Tradition

Wir können also sagen: Wir haben da ein Zeitalter, jenes Zeitalter, in dem man in Ephesus erleben konnte die Weltgeheimnisse. Da war ein Erinnern der Menschenseele an die Vorzeit im Kosmos. Diesem Erinnern ging voran ein wirkliches Drinnenleben in der Vorzeit. Es blieb davon einfach ein Hineinschauen in die Vorzeit. In der Zeit, von der das Gilgamesch-Epos erzählt, da können wir nicht sagen: Erinnern der Menschenseele an die Vorzeit im Kosmos; da müssen wir sagen: ein Erleben der Vorzeit in der Gegenwart. – Nun kommt jener Zeitraum von Alexander bis Julianus Apostata. Wir wollen ihn zunächst auslassen. Und dann kommen wir zu dem Zeitalter, aus dem die abendländische Zivilisation des Mittelalters und der Neuzeit herausgewachsen ist. Da gab es nicht mehr ein Erinnern der Menschenseele an die Vorzeit im Kosmos, nicht mehr ein Erleben der Vorzeit in der Gegenwart, sondern da gab es nur noch Tradition ...
Dann kam die Zeit, in der die Menschheit als solche vergessen hatte und notdürftig aufschreiben mußte dasjenige, was geschehen ist. Aber während die Menschheit das verkümmern lassen mußte, was früher in der Menschenseele kosmische Erinnerungskraft war, während die Menschheit stümperhaft anfangen mußte aufzuschreiben die Weltereignisse, Geschichte zu schreiben und so weiter, während der Zeit entwickelte sich im menschlichen Inneren das persönliche Gedächtnis, die persönliche Erinnerung. – Jedes Zeitalter hat seine besondere Mission, seine besondere Aufgabe. – Sie haben hier die andere Seite desjenigen, was ich schon in den allerersten Vorträgen so dargelegt habe, daß das Zeitengedächtnis auftrat. Dieses Zeitengedächtnis hatte seine erste Wiege in Griechenland, entwickelte sich aber dann eben durch die römisch-romanische Kultur in das Mittelalter herein bis in die Neuzeit herauf. Und daß zur Zeit des Julianus Apostata schon durchaus die Keime gelegt waren zu dieser Persönlichkeitskultur, dafür ist eben ein Beweis, daß es Julianus Apostata im Grunde genommen nichts mehr genützt hat, daß er sich in die eleusinischen Mysterien einweihen ließ.

Tafel 33

Physischer Leib und Ätherleib

Wenn ich hier die Erde habe, dann sind die Kräfte der Erde hier im Irdischen, aber auch in jedem Gegenstande, den ich hier auf Erden habe. Und der physische Leib des Menschen ist zwar sehr zusammengesetzt, aber im Grunde genommen auch ein Gegenstand, der diesen physischen Kräften der Erde unterworfen ist, den Kräften, die vom Erdenmittelpunkte kommen. Das ist physischer Leib des Menschen, was unterworfen ist den Kräften, die vom Erdenmittelpunkte kommen (Pfeile nach auswärts). – Nun sind auf der Erde aber auch andere Kräfte. Diese Kräfte kommen vom Umkreis (Pfeile einwärts). Denken Sie sich einmal, ich gehe in ganz unbestimmte Weiten hinaus. Dann wirken von den unbestimmten Weiten her Kräfte gerade umgekehrt den Kräften der Erde. Die wirken von überall herein. Ja, es gibt solche Kräfte, die von überall hereinwirken, die von allen Richtungen der Welt überall hereinwirken gegen den Mittelpunkt der Erde zu . . .
Was ist Ihr Ätherleib? – Es ist dasjenige an Ihnen, was den Kräften unterworfen ist, die von überall her aus der Peripherie hereinkommen.

Tafel 34

Der Regenbogen: Angst und Mut

Der ganze Regenbogen zeigt für den, der ihn mit Imagination anschaut, ein Herausströmen des Geistigen, ein Verschwinden des Geistigen. Er zeigt tatsächlich etwas wie eine geistige Walze, wunderbar. Und zu gleicher Zeit bemerkt man an diesen geistigen Wesenheiten, daß, indem sie da herauskommen, sie mit einer großen Furcht herauskommen, indem sie da hineingehen, gehen sie mit einem ganz unbesieglichen Mut hinein. Wenn man nach dem Rotgelb hinschaut, da strömt Furcht aus, wenn man nach dem Blauviolett hinschaut, bekommt man das Gefühl: Da lebt ja alles wie Mut, wie Courage . . .
Man kann schon sagen: Kommt man an die Wissenden des 11., 12., 13. Jahrhunderts heran, so muß man solche Dinge verstehen. Sie können nicht einmal die Späteren mehr verstehen, Sie können nicht den Albertus Magnus verstehen, wenn Sie ihn lesen mit dem, was heute der Mensch weiß. Sie müssen ihn lesen mit einer Art von Wissen, daß solches Geistiges für ihn noch eine Realität war; dann verstehen Sie erst, wie er die Worte gebraucht, wie er sich ausdrückt.

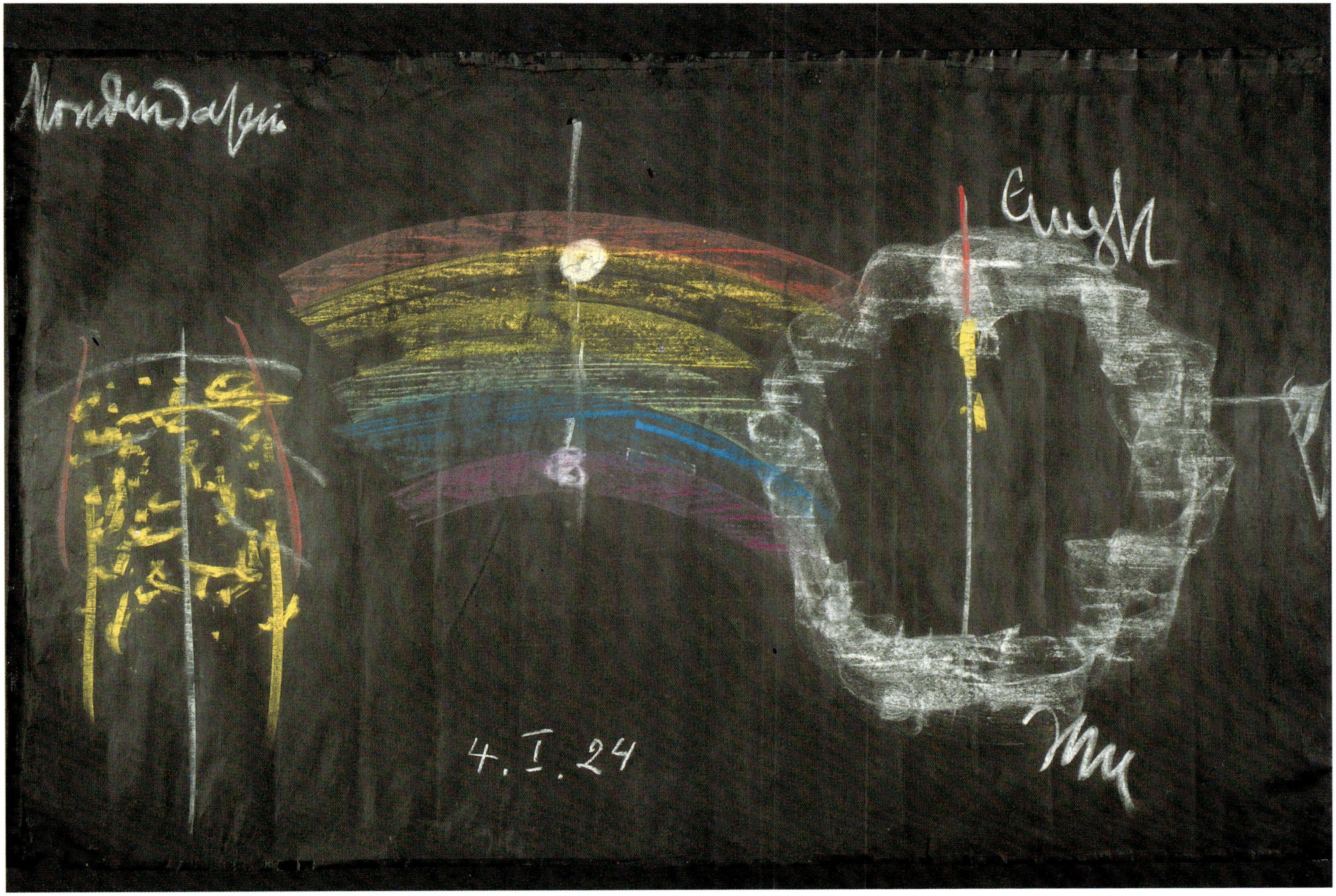

Tafel 35

Golgatha
Vom Raum in die Zeit

Diese alten Initiierten, die Kenner dieser Initiationshandlung, die wußten aus dem, was auf Golgatha vorging, daß dasselbe Wesen, das früher in der Sonne gesucht werden mußte, nun zu den Menschen auf die Erde niedergestiegen war. Warum? Weil jene Handlung, die in den alten Mysterien zum Erreichen des Christus in der Sonne mit dem zu Initiierenden vollzogen war, so nicht mehr vollzogen werden konnte, weil die Menschennatur einfach im Laufe der Zeit eine andere geworden ist. Die alte Einweihungszeremonie war nach der Entwickelungsart der Menschenwesenheit eine Unmöglichkeit geworden.
Es hätte der Christus durch die alte Einweihungszeremonie in der Sonne nicht mehr gesucht werden können. Da stieg er denn herab, um auf der Erde eine Handlung zu vollziehen, nach welcher nun die Menschen hinschauen konnten.
Es gehörte das, was sich in dieses Geheimnis schließt, zu dem Allerheiligsten, das man auf dem Erdenboden aussprechen kann. Denn wie stellte sich eigentlich die Sache für die Menschen der auf das Mysterium von Golgatha folgenden Jahrhunderte dar?
Soll ich das schematisch zeichnen, so müßte ich es so zeichnen: wenn das die Erde ist, so sah man aus einer alten Einweihungsstätte herauf (rechts: rot) zum Sonnendasein und wurde durch die Initiation den Christus in der Sonne gewahr. Man sah in den Raum hinaus, um an den Christus heranzutreten.
Will ich schematisch darstellen, wie die Entwickelung nun in der Folgezeit war, so muß ich die Zeit darstellen, das heißt die Erde – in einem Jahr, im dritten Jahr, fortlaufend in der Zeit; die Erde räumlich ist ja immer da, aber den Zeitenlauf stellen wir so dar.
Es hat sich abgespielt das Mysterium von Golgatha. Ein Mensch, der, sagen wir im 8. Jahrhundert lebt, statt daß er vom Mysterium aus in die Sonne schaut, um zum Christus zu kommen, schaut jetzt auf die Zeitenwende bis zum Beginn der christlichen Zeitrechnung, schaut in der Zeit hin nach dem Mysterium von Golgatha (siehe Zeichnung, gelber Pfeil); er kann in einer Erdenhandlung, in einem Erdengeschehen den Christus innerhalb des Mysteriums von Golgatha finden.
Was früher räumliche Anschauung war, sollte nun zeitliche Anschauung werden durch das Mysterium von Golgatha. Das war das Bedeutsame, was geschehen war.

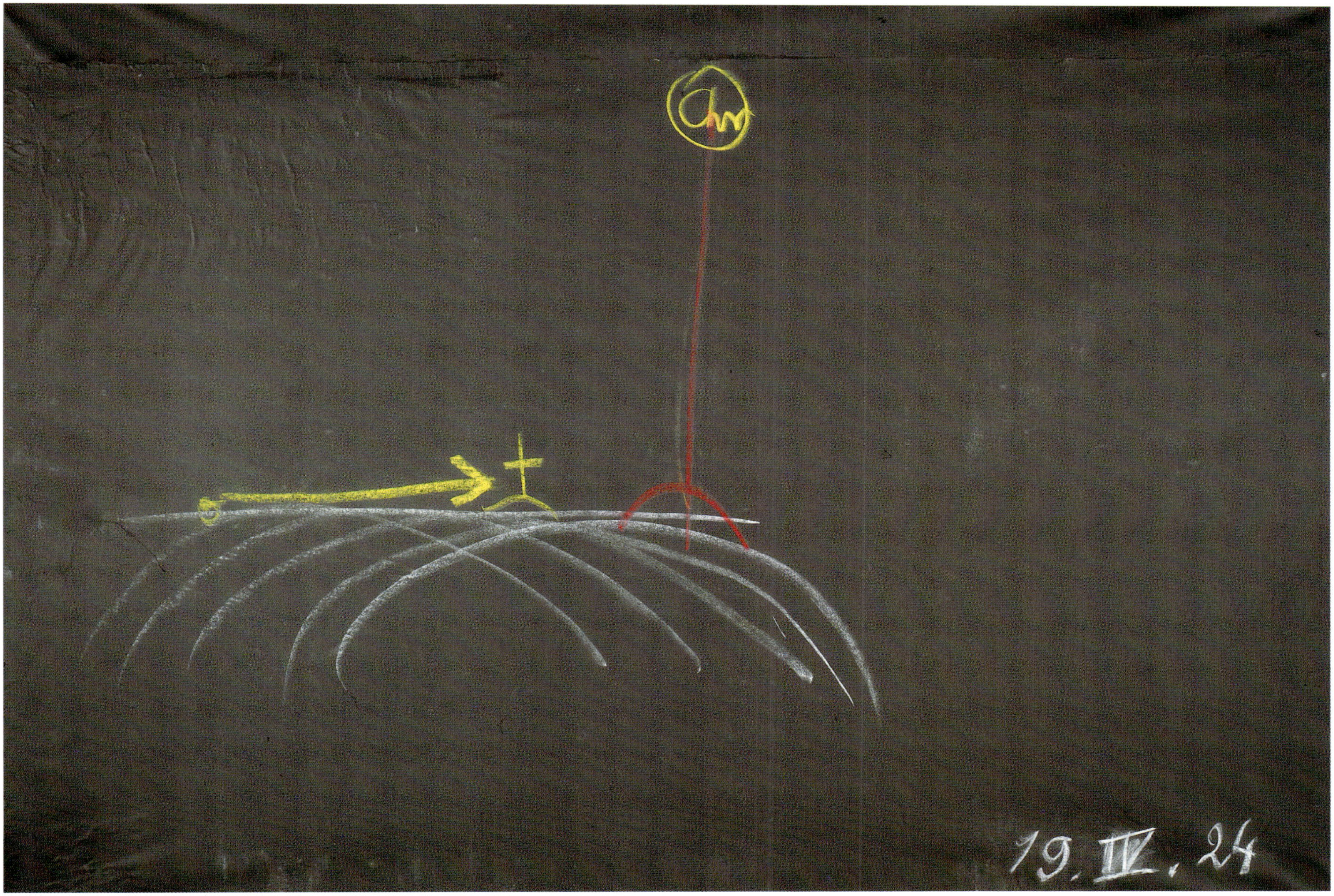

Tafel 36

Das andere Auge der Götter

Wenn wir uns den Menschen vorstellen, so ist er nur in bezug auf seine Sinne und auf seine Verstandeserkenntnis herausragend über die Hierarchien, die über ihm wohnen - ich müßte also das Rote über den Wärmesinn und alles führen (rot) -, während er mit Bezug auf alles, was hinter seinem Verstande liegt, ausgefüllt ist mit der dritten Hierarchie (beige). Mit Bezug auf alles, was hinter seinem Fühlen liegt, ist er ausgefüllt mit der zweiten Hierarchie (Brust, orange), für alles das, was hinter seinem Wollen ist, mit der ersten Hierarchie (Rumpf, gelb).
Wir sind also eigentlich in den Hierarchien drinnen und ragen nur mit unseren Sinnesorganen und mit unserem Verstande aus der Welt der Hierarchien heraus. Wir sind wirklich so als Menschen, wie wenn wir schwimmen würden und nur ein wenig oben mit dem Kopf herausragen würden. So ragen wir mit unseren Sinnen und mit unserem Verstande aus dem Meere der Hierarchienwirkungen heraus.
Das findet man alles, wenn man wieder aus dem außerleiblichen Wahrnehmungszustand in den Leib zurückkehrt. Da findet man, wie der Mensch das Haus der Götter ist.
Daraus geht Ihnen aber ein weiteres hervor, meine lieben Freunde: Wenn die Götter kosmisch schauen wollen, dann schauen sie durch den Mond. Wenn die Götter heute noch von der Erde aus, was einen ganz anderen Aspekt gibt, den Kosmos betrachten wollen, dann müssen sie aus dem Menschen heraus schauen. Und das Menschengeschlecht ist das andere Auge der Götter.

Tafel 37

Der Sternenhimmel
Seelenäusserung des Weltenastralischen

Der Äther wird also durch die Himmelsbläue wahrnehmbar. Nun ist irgendwo das Astralische des Kosmos. Der Äther guckt durch die Himmelsbläue in die Sinnlichkeit herein. Wo guckt denn das Astralische des Kosmos in die Sichtbarkeit, in die Wahrnehmbarkeit herein?
Sehen Sie, in Wirklichkeit ist jeder Stern, den wir am Himmel glänzen sehen, ein Einlaßtor für das Astralische, so daß überall, wo Sterne hereinglänzen, das Astralische hereinglänzt. Sehen Sie also den gestirnten Himmel in seiner Mannigfaltigkeit – da die Sterne in Gruppen gehäuft, dort mehr zerstreut, voneinandergestellt –, dann müssen Sie sich sagen: In dieser wunderbaren Leuchtekonfiguration macht sich der unsichtbare, der übersinnliche Astralleib des Kosmos sichtbar. Daher darf man auch nicht die Sternenwelt ungeistig ansehen. Hinaufschauen in die Sternenwelt und von brennenden Gaswelten zu reden, das ist geradeso – verzeihen Sie den paradoxen Vergleich, aber er ist absolut bis aufs i-Tüpfelchen stimmend –, wie wenn Sie aus Liebe jemand streichelt und die Finger etwas auseinanderhält beim Streicheln, und Sie sagen: Das, was Sie da spüren im Streicheln, das sind kleine Bänder, die Ihnen über die Backe gelegt werden. Ebensowenig wie Ihnen kleine Bänder über die Backe gelegt werden beim Streicheln, ebensowenig sind da oben diejenigen Wesenhaftigkeiten, von denen die Physik spricht; sondern der Astralleib des Weltenalls, der übt fortwährend seine Einflüsse, so wie das Streicheln auf Ihrer Backe, auf die Ätherorganisation aus.
Nur ist er auf sehr starke Dauer organisiert. Daher dauert das Halten eines Sternes, was immer ein Beeinflussen des Weltenäthers von seiten der astralischen Welt ist, länger als das Streicheln. Das Streicheln würde der Mensch nicht so lange aushalten, aber es ist eben so, daß das im Weltenall länger dauert, weil im Weltenall gleich Riesenmaße auftreten.
So daß also in dem Sternenhimmel eine Seelenäußerung des Weltenastralischen zu sehen ist.
Es ist damit zu gleicher Zeit ungeheures, und zwar sogar seelisches Leben, wirklich seelisches Leben, in den Kosmos hineingebracht. Denken Sie doch nur einmal, wie tot der Kosmos ist, wenn man da hinausschaut und nur brennende Gaskörper sieht, die leuchten! Denken Sie sich, wie lebendig das alles wird, wenn man weiß: Diese Sterne sind der Ausdruck der Liebe, mit der der astralische Kosmos auf den ätherischen Kosmos wirkt!

Tafel 38

Leben in drei Welten

Und jetzt lernen wir kennen, wie wir als Menschen auch dasjenige in uns tragen, was von den Pflanzen die eigentliche Wesenheit da oben ist. Wir bringen nur ins Spiegelleben der Erde herunter das, was die Pflanzen oben lassen. Die Pflanzen bleiben oben im Geisterland. Sie senden auf die Erde ihre Spiegelbilder. Die Erde füllt sie ihnen mit Materie, mit Erdenmaterie aus, diese Spiegelbilder. Wir Menschen tragen unser Seelenhaftes, das auch dieser Welt angehört, hier in diese Spiegelwelt herein, sind nicht bloße Spiegelbilder, sondern sind jetzt auf Erden auch seelische Realitäten. Wir leben auf Erden zunächst in drei Welten: in der Welt des Physischen, in der Welt, in der die Tiere mit ihrem Selbstbewußtsein nicht leben.
Aber wir leben als Menschen zu gleicher Zeit in einer zweiten Welt, in der die Tiere mit ihrem Selbstbewußtsein leben, in der astralischen Welt. Nur tragen wir diese mit uns herunter in die physische Welt. Wir leben auch noch in der dritten Welt, in der Welt, in der die Wahrheit des Pflanzenwesens lebt, in der geistigen Welt. Nur senden die Pflanzen auf die Erde bloß ihre Spiegelbilder herunter, wir unsere Seelenrealitäten. Und jetzt können Sie sagen: Ein Wesen, das hier auf der Erde Leib, Seele und Geist hat, lebt mit Leib, Seele und Geist in der physischen Welt und ist Mensch.
Ein Wesen, das auf der Erde Leib und Seele hat, aber in einer angrenzenden zweiten Welt den Geist hat, dadurch weniger wirklich ist in der physischen Welt, ist das Tier. Ein Wesen, welches in der physischen Welt nur seinen Leib hat, in der zweiten Welt seine Seele, und in einer weiteren, dritten Welt seinen Geist, so daß der Leib nur noch das Spiegelbild des Geistes ist, nur von irdischer Materie ausgefüllt, das ist die Pflanze.
Sie erkennen an der Natur drei Welten. Sie erkennen, daß der Mensch diese drei Welten in sich trägt. Sie fühlen gewissermaßen die Pflanzen bis zu den Sternen hinaufwachsen. Sie sehen sich die Pflanzen an, sagen sich: Du bist ein Wesen, von dem ich ja auf Erden nur das Spiegelbild sehe, das wesenlose Spiegelbild. Je mehr ich den Blick hinaufwende, zu den Sternen des Nachts aufschaue, desto mehr sehe ich das wahre Wesen da oben. Natur, sie wird ganz, wenn ich von der Erde aufschaue bis zu den Sternen, wenn ich den Kosmos mit der Erde als eines anschaue. Dann schaue ich zurück auf mich als Mensch und sage mir: Was in der Pflanze bis da nach oben reicht, ich habe es auf der Erde in mir zusammengeschoben. Ich trage in mir als Mensch die physische, die astralische, die geistige Welt.
Das durchschauen, mit der Natur aufzuwachsen bis zu den Himmeln, in den Menschen hineinzuwachsen bis dahin, wo die Himmel sich in ihm eröffnen, das heißt, zum Geistesforschen aufsteigen.

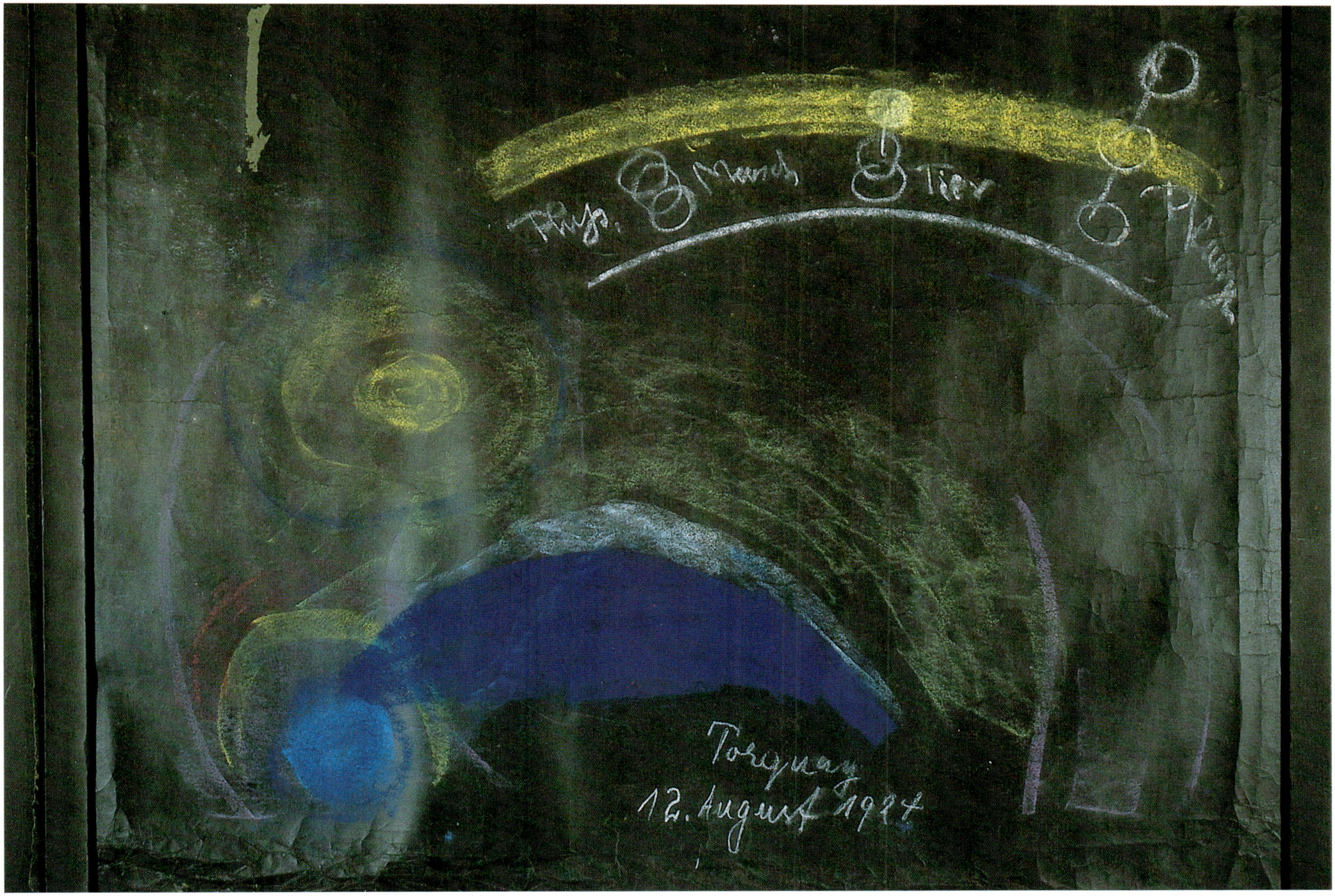

Tafel 39

GEISTESWISSENSCHAFT
ALS ERKENNTNIS
DER GRUNDIMPULSE SOZIALER
GESTALTUNG

DIE ERZIEHUNGSFRAGE
ALS SOZIALE FRAGE

NATIONALÖKONOMISCHER KURS

Westen, Mitte, Osten

Dieses mitteleuropäische Streben besteht eben darinnen, von dem selbstverständlichen rhythmischen Menschen hinauf sich zu erheben zum Nerven-Sinnesmenschen, zu dem, der im ideellen Gebiete dasjenige hat, was er sich selbst erringt. Für diese Menschen ist die besondere Anlage vorhanden, das Leben der Erde als ein Geistiges zu begreifen. Das hat ja Hegel im umfassendsten Sinne getan.
Gehen wir jetzt zum westlichen Menschen. Ich habe gestern gesagt, daß der westliche Mensch gerade in seinen erleuchtetsten Geistern, in solchen wie Bentham, John Stuart Mill, Spencer, Buckle, sogar schon Baco von Verulam und andern, Thomas Reid und so weiter, in der Nationalökonomie Adam Smith, daß dieser westliche Mensch besondere Veranlagung hat, dasjenige Denken auszubilden, das man dann verwenden kann im wirtschaftlichen Teile des sozialen Organismus. Wenn man zum Beispiel die Philosophie von Spencer nimmt, dann sagt man sich: das ist ein Denken, welches ganz aus dem Nerven-Sinnesmenschen stammt, ganz und gar Produkt der Sinne und der Nerven ist, welches am besten taugen würde, wirtschaftliche Organisationen und Assoziationen zu machen. Es ist nur deplaciert von Spencer zu der Philosophie verwendet worden. Würde Spencer mit demselben Denken Fabriken einrichten, soziale Organisationen machen, dann wäre das am richtigen Platze. Daß er mit diesem Denken eine Philosophie macht, das ist deplaciert.

Das kommt davon her, daß jetzt der westliche Mensch nicht mehr lebt im rhythmischen System, sondern wieder eine Stufe höhergestiegen ist, er lebt selbstverständlich im Nerven-Sinnessystem des Menschen. Der Orientale lebt seiner Natur nach im rhythmischen System, der westliche Mensch lebt seiner Natur nach im Nerven-Sinnessystem.
Stoffwechsel beim Orientalen: Er wendet sich hinauf und erstrebt das rhythmische System. Der mitteleuropäische Mensch lebt im rhythmischen System; er strebt hin zum Nerven-Sinnesmenschen. Der westliche Mensch lebt schon im Nerven-Sinnessystem.

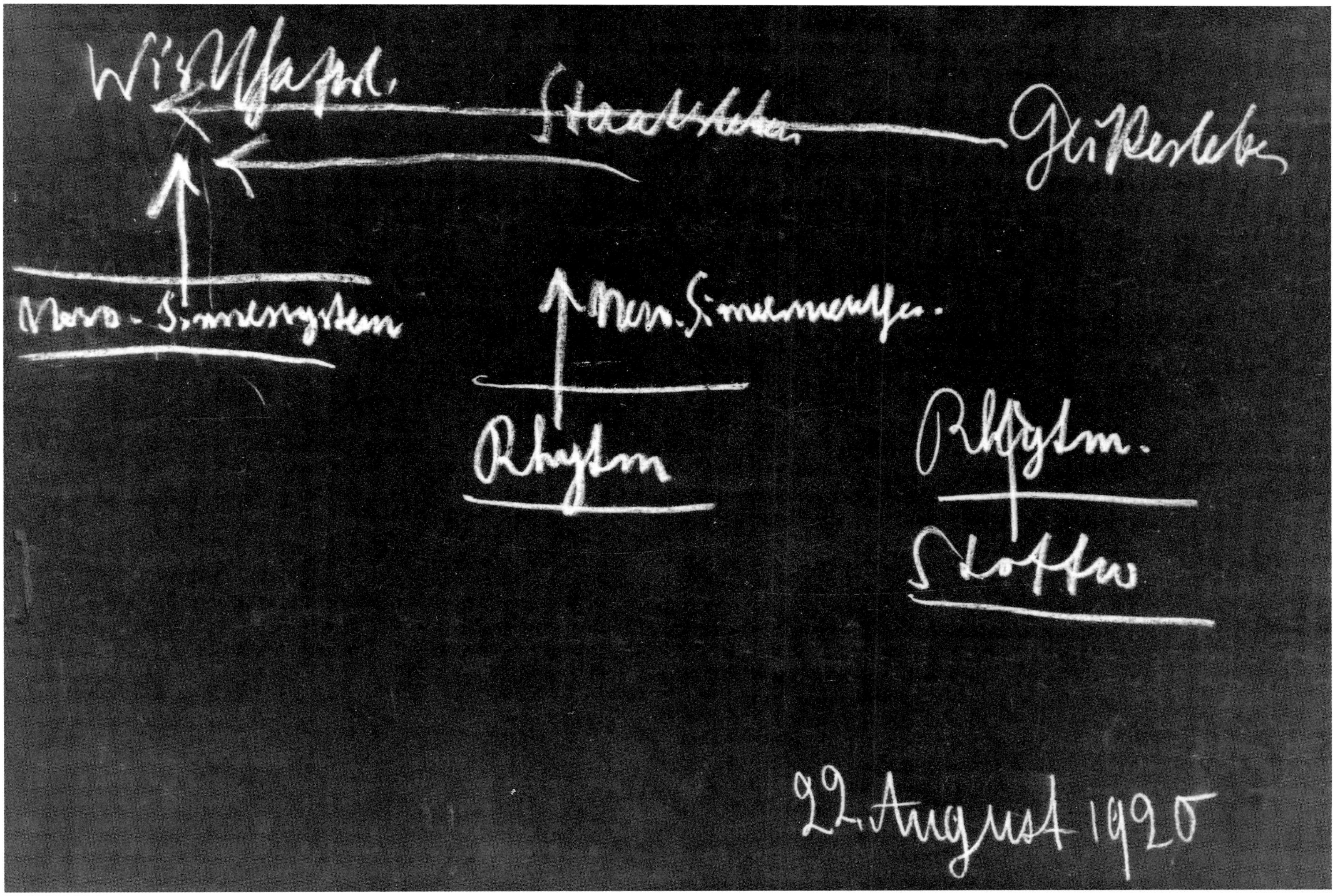

Tafel 40

Andere Köpfe auf unseren Schultern

Einer der ersten Vorwürfe, der mir in Deutschland gemacht worden ist, das war der, daß man gesagt hat: Nun will er gar noch das soziale Leben dreigliedern! Das soziale Leben muß eine Einheit sein! – Aber die Menschen sind nur hypnotisiert von dieser Einheit, weil sie immer den Staat eben als etwas Einheitliches angesehen haben. Sie sind eingewöhnt in diese Begriffe vom einheitlichen Staat. Und derjenige, der von dieser Einheit spricht, der kommt mir vor wie einer, der sagt: Jetzt will der gar einen Gaul haben, der auf vier Füßen steht, der Gaul muß doch eine Einheit sein, der kann doch nicht in vier Beine gegliedert sein. – Das wird natürlich keiner verlangen. Aber ich will auch nicht den Gaul-»Staat« oder den sozialen Organismus auf ein Bein stellen, sondern auf seine gesunden drei Beine. Und wie die Gauleinheit nicht dadurch ihre Einheit verliert, daß sie auf vier Beinen steht, so auch der soziale Organismus dadurch nicht, daß man ihn auf seine gesunden drei Glieder stellt. Er kriegt sie gerade dadurch, seine Einheit, daß man ihn auf seine gesunden drei Glieder stellt. Die Menschen können eben heute durchaus nicht von ihren gewohnten Begriffen loskommen. Aber das ist heute das Wichtigste, daß wir nicht bloß glauben, daß einzelne äußerliche Einrichtungen umgewandelt werden sollen, sondern daß wir unsere Ideen, unsere Begriffe, unsere Empfindungen umgestalten müssen. Wir können schon sagen: Wir brauchen andere Köpfe auf unseren Schultern, wenn wir der Zukunft der Menschheit in heilsamer Weise entgegengehen wollen. Das ist notwendig, daß wir andere Köpfe auf unsere Schultern bekommen. Dahinein können sich die Menschen so schwer gewöhnen, weil ihnen die alten Köpfe so lieb sind, diese alten Köpfe, die gewohnt sind, nur dasjenige zu denken, was seit langer Zeit zu denken sich die Menschen angewöhnt haben. Heute müssen wir in bewußter Weise umgestalten das, was in unseren Seelen lebt. Und halten Sie das nicht für eine leichte Aufgabe: Gar mancher glaubt heute, daß er seine Begriffe ja schon umgewandelt hat, er merkt gar nicht, wie sie die alten geblieben sind.

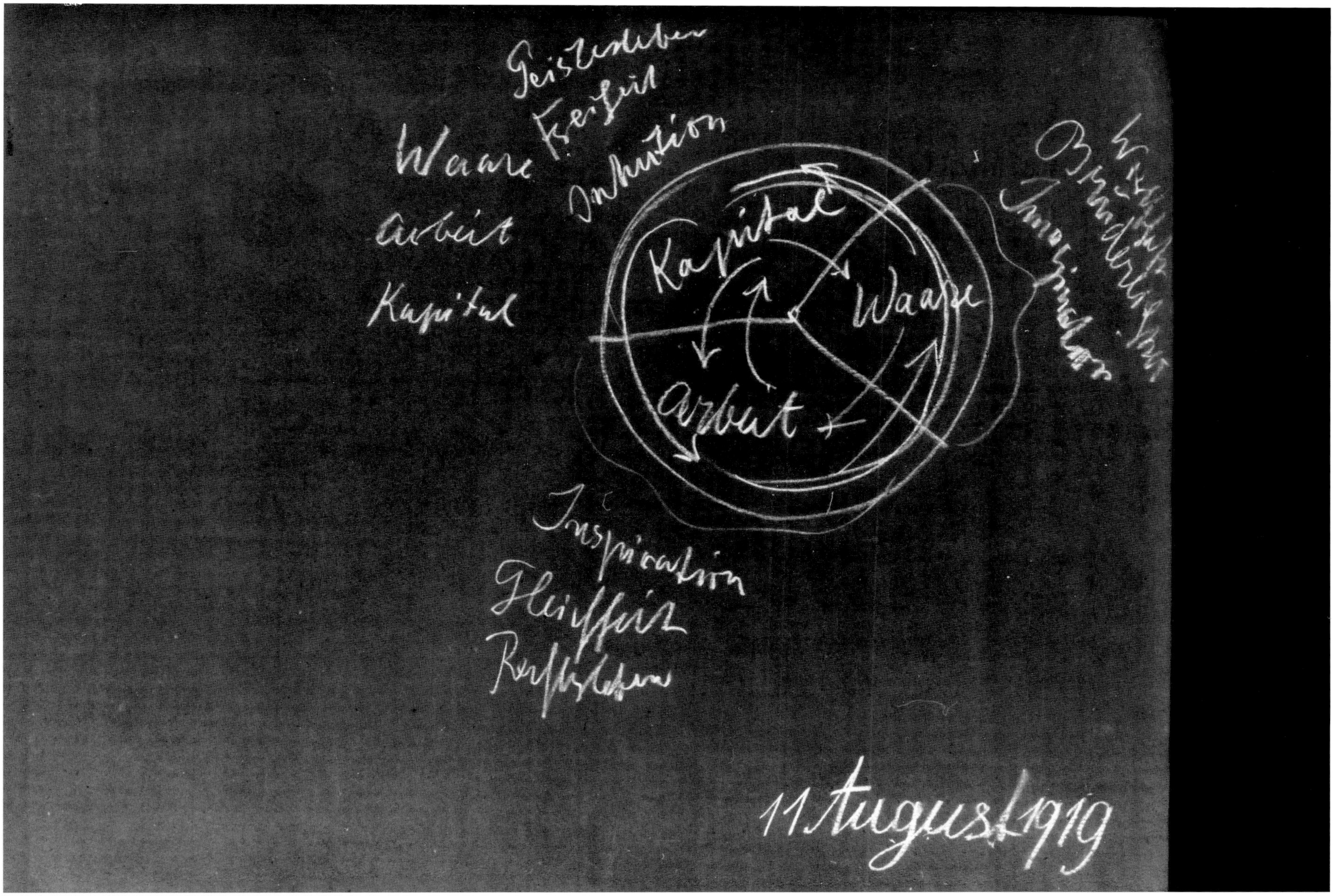
Geistesleben
Freiheit
Intuition
Waare
Arbeit
Kapital
Kapital
Waare
Arbeit
Inspiration
Gleichheit
Rechtsleben
11. August 1919

Tafel 41

Fluktuierendes im Quadrat

Wenn wir irgendwo drinnenstehen im volkswirtschaftlichen Prozeß, und der volkswirtschaftliche Prozeß, ich möchte sagen, irgendwo beim Kauf und Verkauf sich abspielt, so haben wir im Kauf und Verkauf im wesentlichen Werttausch, Austausch von Werten. Sie finden keinen anderen Austausch als den von Werten. Eigentlich ist es falsch, wenn man von Güteraustausch spricht. Im volkswirtschaftlichen Prozeß ist das Gut, ob es nun modifiziertes Naturprodukt ist oder modifizierte Arbeit, ein Wert. Was getauscht wird, sind Werte. Darauf kommt es an.
So daß Sie sich also sagen müssen: Wenn irgendwo sich Kauf und Verkauf abspielen, so werden Werte ausgetauscht. - Und dasjenige, was nun herauskommt im volkswirtschaftlichen Prozeß, wenn Wert und Wert gewissermaßen aufeinanderprallen, um sich auszutauschen, das ist der Preis. Sie finden den Preis erscheinen niemals anders, als daß Wert an Wert stößt im volkswirtschaftlichen Prozeß. Daher kann man auch über den Preis gar nicht nachdenken, wenn man etwa an den Austausch von bloßen Gütern denkt. Wenn Sie einen Apfel um, ja, ich weiß nicht, sagen wir fünf Pfennige kaufen, dann können Sie ja sagen, Sie tauschen ein Gut aus gegen ein anderes Gut, den Apfel gegen fünf Pfennige. Auf diese Weise kommen Sie aber nie zu einer volkswirtschaftlichen Betrachtung. Denn der Apfel ist irgendwo gepflückt, ist dann befördert worden, es ist vielleicht um ihn herum noch manches andere geschehen. Das ist die Arbeit, die ihn modifiziert hat. Sie haben es nicht zu tun mit dem Apfel, sondern mit dem von Menschenarbeit veränderten Naturprodukt, das einen Wert darstellt. Und man muß immer ausgehen vom Wert in der Volkswirtschaft. Ebenso haben Sie es bei den fünf Pfennigen mit einem Wert und nicht mit einem Gut zu tun; denn diese fünf Pfennige sind doch wohl nur das Zeichen dafür, daß vorhanden ist in dem Menschen, der sich den Apfel kaufen muß, ein anderer Wert, den er eintauscht dafür.
Also, worauf es mir ankommt, ist das: daß wir heute zu der Einsicht kommen, daß es falsch ist, in der Volkswirtschaft von Gütern zu sprechen, daß wir sprechen müssen, als von dem Elementaren, von Werten, und daß es falsch ist, den Preis anders erfassen zu wollen, auf eine andere Art, als daß man das Spiel der Werte ins Auge faßt. Wert gegen Wert gibt den Preis. Wenn schon der Wert etwas Fluktuierendes ist, das man nicht definieren kann, dann ist ja, wenn Sie Wert gegen Wert austauschen, gewissermaßen dasjenige, was im Austausch entsteht als Preis, das ist etwas Fluktuierendes im Quadrat.

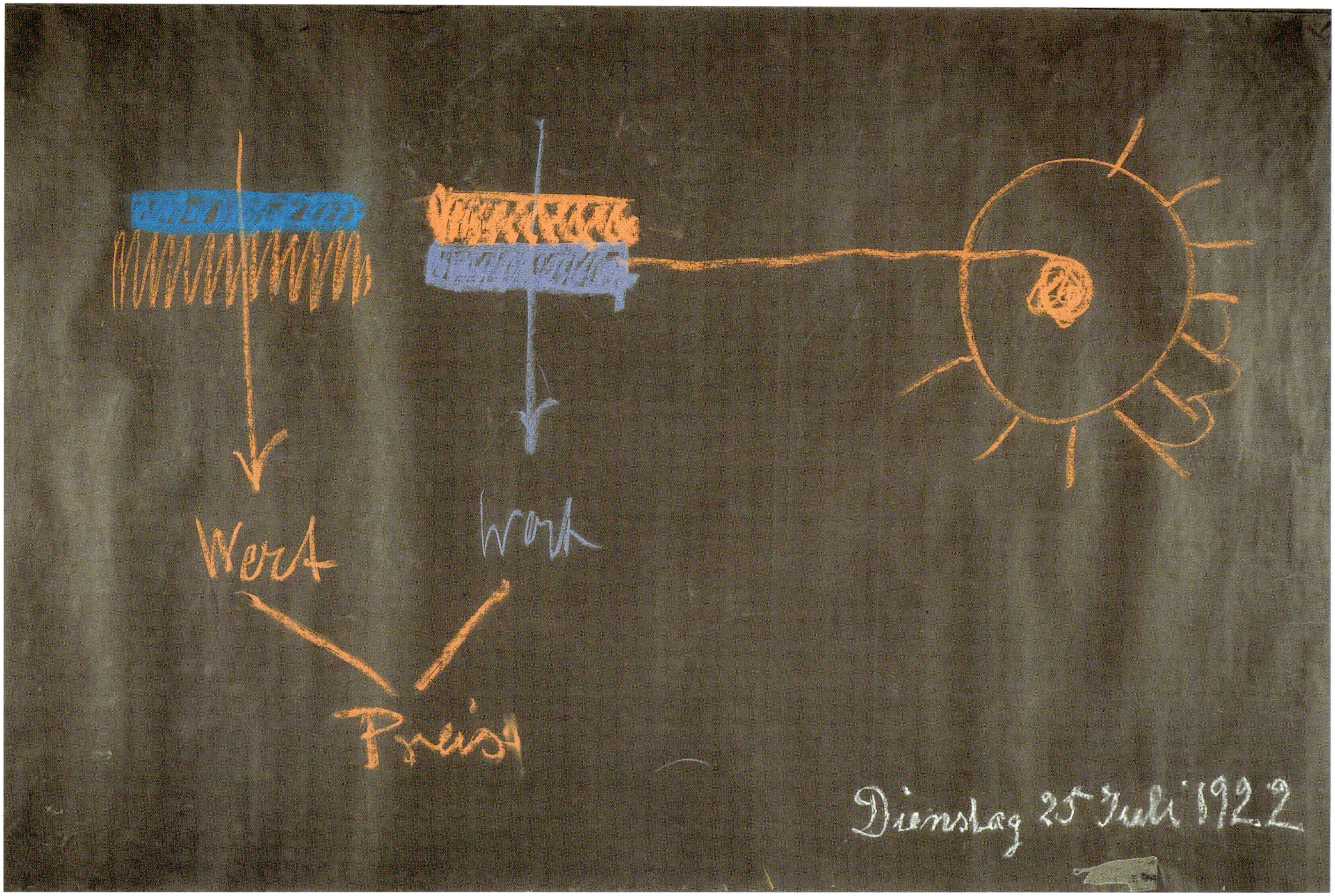

Tafel 42

Die Kapitalisierung von Grund und Boden oder vom Umgang mit Scheinwerten

Ja, ist denn das aber – die Höherwertung von Grund und Boden –, ist das eine Wirklichkeit? Es ist ja gar keine Wirklichkeit. Naturgemäß kann der Grund und Boden nicht mehr Wert bekommen, er kann mehr Wert höchstens bekommen, wenn eine rationellere Arbeit darauf verwendet wird. Dann ist die Arbeit das Werterhöhende; aber der Grund und Boden als solcher – selbst wenn Sie ihn verbessern, so muß die Arbeit vorangehen –, der Grund und Boden als solcher, werterhöht gedacht, ist ein Unding, ein völliges Unding. Der Grund und Boden, insofern er bloß Natur ist, kann ja noch überhaupt keinen Wert haben. Sie geben ihm ja einen Wert, indem Sie das Kapital mit ihm vereinigen, so daß man sagen kann: Dasjenige, was im heutigen volkswirtschaftlichen Zusammenhange Wert von Grund und Boden genannt wird, ist in Wahrheit nichts anderes als auf den Grund und Boden fixiertes Kapital; das aber auf dem Grund und Boden fixierte Kapital ist nicht ein wirklicher Wert, sondern ein Scheinwert. Und darauf kommt es an, daß man auch innerhalb des volkswirtschaftlichen Prozesses endlich begreifen lernt, was wirkliche Werte sind und was Scheinwerte sind.

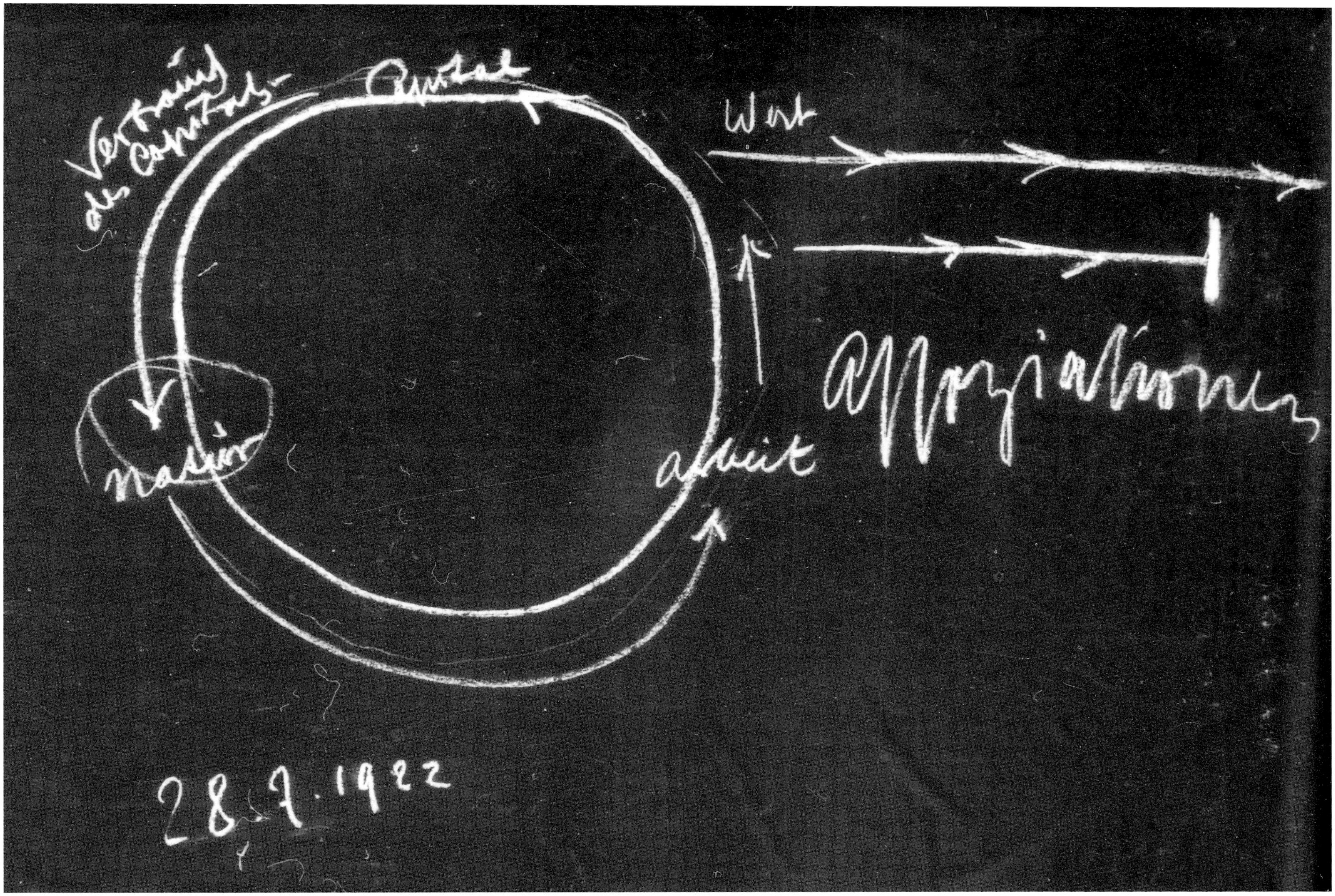

Tafel 43

DIE ERKENNTNIS
DES MENSCHENWESENS
NACH LEIB, SEELE UND GEIST

ÜBER FRÜHE ERDZUSTÄNDE

MENSCH UND WELT

DAS WIRKEN DES GEISTES
IN DER NATUR

ÜBER DAS WESEN DER BIENEN

DIE SCHÖPFUNG DER WELT
UND DES MENSCHEN

ERDENLEBEN UND
STERNENWIRKEN

Als die Erde ihr Leben verloren hatte

Die Erde war einmal ein Riesentier, das seiner Größe gemäß ziemlich faul war, sich langsam nur um die Achse gedreht hat im Weltenraum, das aber hinausgeguckt hat in den Weltenraum durch diese Drachenvögel, die nur bewegliche Augen waren, und sich das alles angeschaut hat. Und das, was ich Ihnen da beschrieben habe, dieses Feuerfressen und so weiter, das sieht nämlich auch ganz verteufelt ähnlich demjenigen, was ja noch im Magen und in den Gedärmen vor sich geht. Und die Drachenvögel, die sehen wieder verteufelt ähnlich dem Gegensatz von den weißen Blutkörperchen, den Gehirnzellen, wie ich sie beschrieben habe, die sich ja in die Augen hinein erstrecken.

Kurz, Sie können die Erde verstehen, wenn Sie sie auffassen als ein gestorbenes Tier. Die Erde ist ein gestorbenes Tier. Und erst als die Erde ihr eigenes Leben verloren hatte, da konnten die anderen Wesen, zu denen, wie ich Ihnen beschreiben werde, auch der Mensch kam, auf der Erde wohnen.

Es ist gerade so, wie wenn wir als Mensch sterben würden und sich die weißen Blutkörperchen verändern würden in selbständige Wesenheiten. So ist es mit diesem Riesenvieh, mit der Erde, einmal ergangen. Und wir stehen heute vor diesem Riesenleichnam. Sie brauchen sich gar nicht zu verwundern, wenn die heutigen Geologen, die nur das Tote studieren können, bloß den Leichnam studieren. Die heutigen Geologen studieren nur den Erdenleichnam. Die Wissenschaft macht es überall so, daß sie nur das Tote studiert. Sie legt den Leichnam auf den Seziertisch. Aber man muß, wenn man etwas erkennen will, wirklich zurückgehen zu dem Lebendigen. Die Erde war einmal lebendig, flog durch den Weltenraum, allerdings sehr träge sich bewegend, als ein Riesentier, und konnte hinaussehen durch die Augen, die sie überall hatte, die die beweglichen kleinen Drachenvögel waren. Mit denen schaute sie hinaus in den Weltenraum.

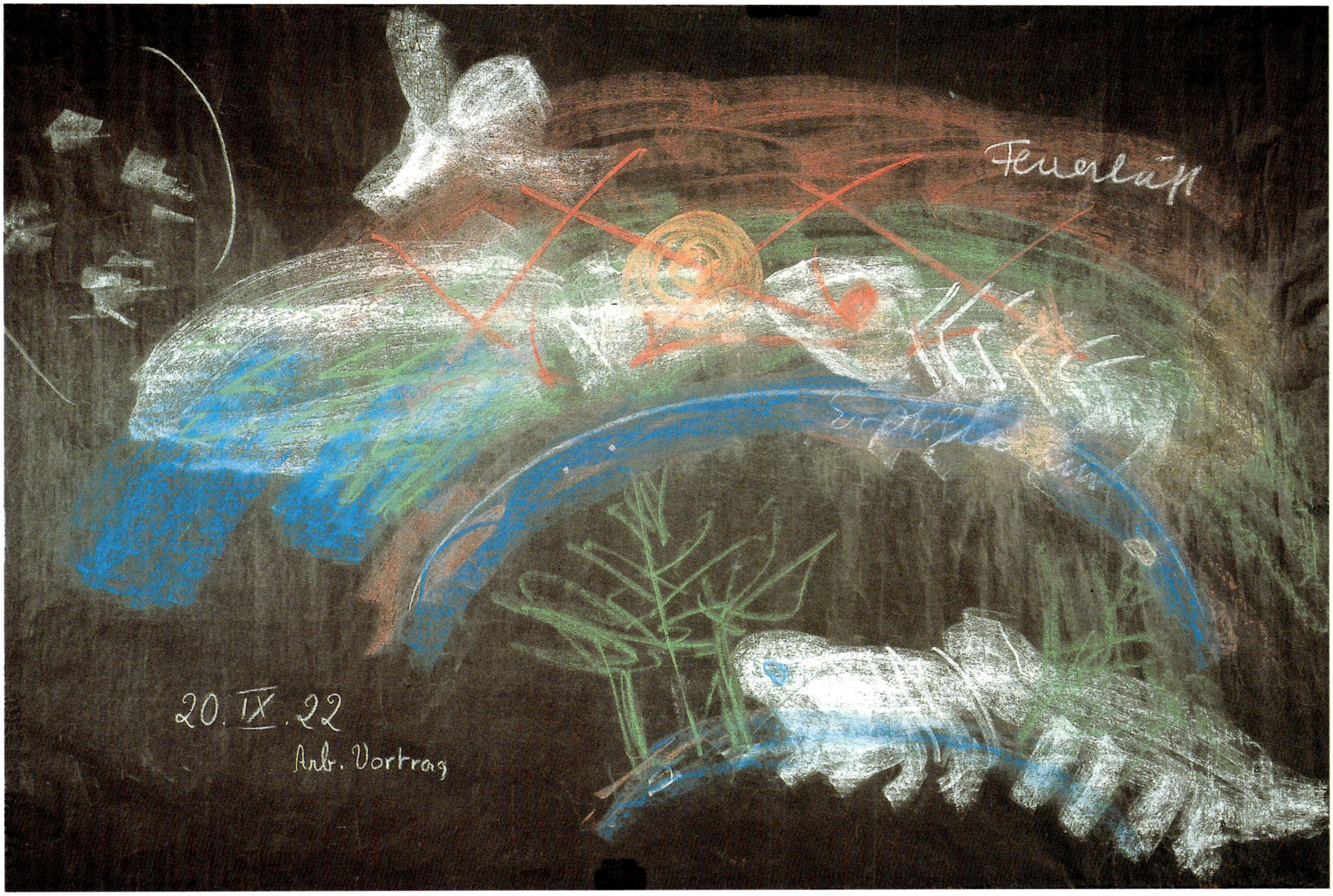

Tafel 44

Adam Kadmon

Der Adam Kadmon, der ist etwas anderes als der Adam. Der ist dieser Riesenkopf, der die Erde einmal war. Und das ist eine natürliche Vorstellung. Zum Erdenfloh ist dieser Adam Kadmon erst geworden, als sich die Menschen nicht mehr vorstellen konnten, daß ein Menschenkopf so groß werden kann wie die Erde, als sie nicht mehr daran geglaubt haben, und da haben sie sich die abnorme Vorstellung gebildet, als wenn es zum Spaß da sei, daß die ganzen neun Monate im mütterlichen Leibe vor sich gehen, und aus dieser mütterlichen Kugel der Mensch geboren wird.
In Wirklichkeit müssen wir uns vorstellen, daß der Mensch einmal die ganze Erde war – die ganze Erde. Und die Erde war viel lebendiger. Aber, meine Herren, das ist ja gar nicht anders; sehen Sie, wenn ich Ihnen die Erde heute zeichne, so ist sie ein abgestorbenes Wesen, wie der menschliche Kopf im Absterben begriffen ist, und wenn wir zurückgehen zu diesem menschlichen Kopfe, der da im mütterlichen Leibe ist, so ist der durch und durch lebendig. Der ist so, wie die Erde einmal war. Und die Erde ist heute gestorben. Aber sie war einmal durch und durch lebendig.

Tafel 45

Die Geburt der Pflanze

Durch den Holzsaft steht die Pflanze mit der Erde in Verbindung; der Lebenssaft bringt die Pflanze in Verbindung mit dem, was um die Erde herumkreist, mit dem luftig-feuchtigen Umkreis der Erde. Aber das Kambium, das bringt die Pflanze in Verbindung mit den Sternen, mit dem, was oben ist. Und da ist es nun so, daß in diesem Kambium drinnen schon die Gestalt der nächsten Pflanze entsteht. Das geht dann auf den Samen über und dadurch wird die nächste Pflanze geboren; so daß die Sterne auf dem Umwege durch das Kambium die nächste Pflanze erzeugen. Also die Pflanze wird nicht aus dem Samen bloß erzeugt – das heißt, sie wird natürlich schon aus dem Samen erzeugt, aber der Samen muß zunächst die Einwirkung vom Kambium, das heißt, die Einwirkung vom ganzen Himmel haben.

Sehen Sie, das ist schon etwas Wunderbares: Wenn man einen Pflanzensamen in die Hand bekommt, so hat dieses anspruchslose, bescheidene kleine Staubkörnchen Samen nur dadurch entstehen können, daß das Kambium – jetzt nicht im Flüssigen, sondern in etwas Dicklichem – die ganze Pflanze nachmacht. Und diese Gestalt, die da drinnen im Kambium entsteht – eine neue Pflanzengestalt –, die überträgt die Kraft auf den Samen, und davon hat der Samen dann die Kraft, wiederum eine neue Pflanze unter der Einwirkung der Erde nach aufwärts wachsen zu lassen.

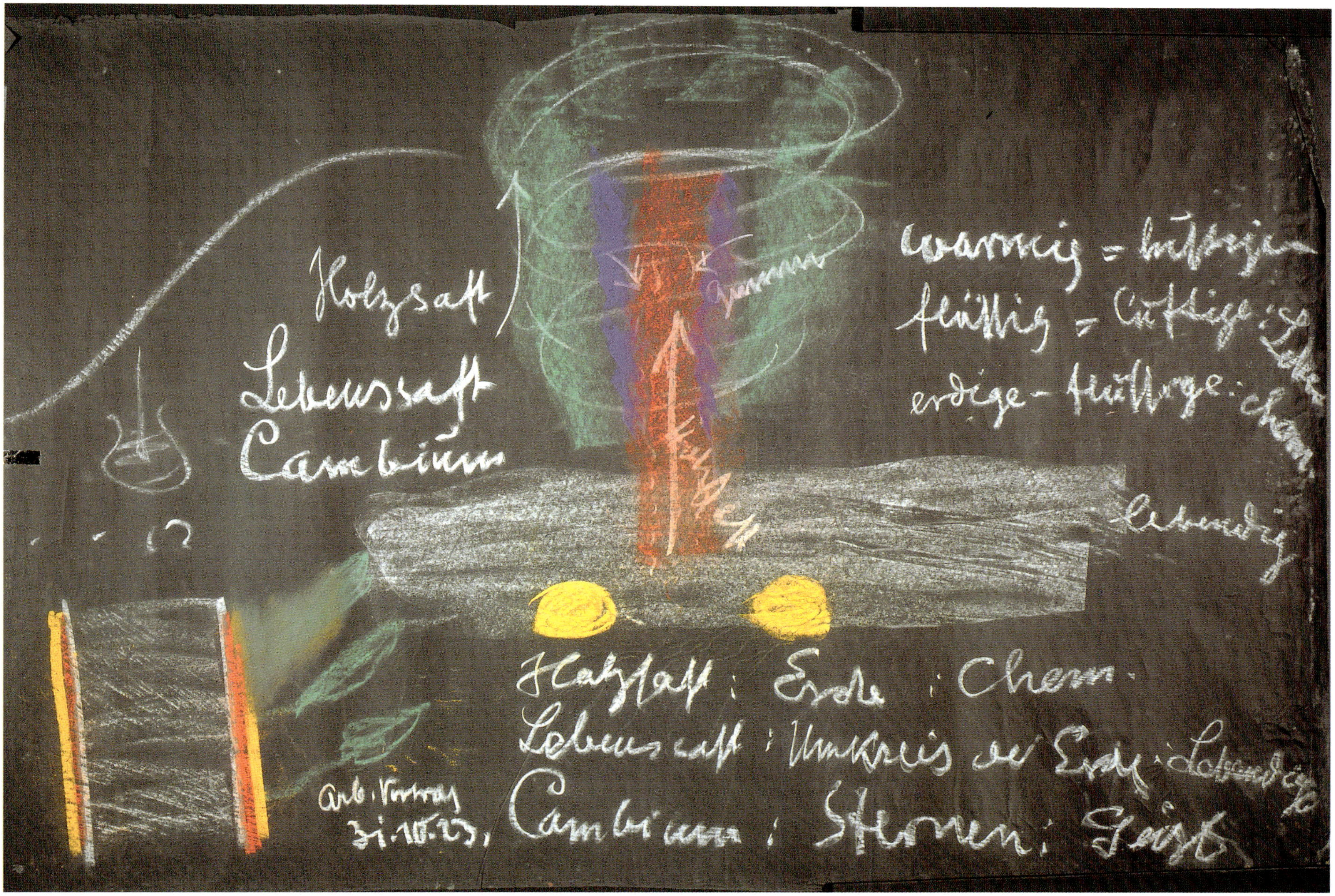
Holzsaft
Lebenssaft
Cambium
lebendig
Holzsaft : Erde : Chem.
Lebenssaft : Umkreis der Erde : Lebendige
Cambium : Sternen : Geist
Arb. Vortrag
31.10.23.

Tafel 46

Biene, Wespe, Ameise

Wenn man in ein Dorf geht, hat man eine Häuserreihe und dahinter sind überall Kuhställe, da sind die Milchkühe drinnen, da gewinnt man die Milch. Bei den Ameisen ist es ganz ähnlich: Überall im Ameisenhaufen finden Sie kleine Bauten, da sind die Blattläuse drinnen. Für die Ameisen sind das die Milchkühe. Es ist nur eine entsprechend niedrigere Prozedur, was die Ameisen machen. Sie haben da ihren kleinen Kuhstall, aber es sind nicht Kühe drinnen, sondern Blattläuse. Die Ameisen gehen an die Blattläuse heran und streicheln sie mit den Fühlern. Das tut der Blattlaus außerordentlich wohl, und sie läßt dann ihren Saft von sich. Und die Folge ist, daß die Ameise den Saft aufsaugen kann, den sie durch das Streicheln der Blattlaus bekommen hat. Das Allerwichtigste, was sie zu ihrer Nahrung braucht, bekommt sie dadurch, daß sie den Saft der Blattlaus durch Streicheln erhält. Es ist ja bei den Kühen auch so etwas Ähnliches; sie müssen nur stark gestreichelt werden. Aber die Blattläuse werden von den Ameisen richtig gemolken. Und sie werden abgefangen an den Blumen und Blättern, wo sie sich ansetzen, und werden von den Ameisen sehr gut gepflegt.
Und so kann man sagen: Das ist ja herrlich, daß es Blattläuse gibt. Es ist nämlich herrlich, daß es Blattläuse gibt, wenn in der Umgebung Ameisenhaufen sind. Da werden die Blattläuse sorgfältig von den Ameisen abgelesen und werden dann im weiteren im Kuhstall der Ameisen verwertet. Das ist eine sehr geistreiche Einrichtung in der Natur, daß da bei den kleinen Tieren ein richtiger Kuhhandel um die Blattläuse stattfindet.
Nun, die Ameise, die so hartes Material zu ihrem Bau verwendet, die kann sich auch nicht mehr eigentlich mit dem bloßen Blumensaft begnügen. Die muß schon das zu ihrer Nahrung benützen, was der Blumensaft dem Tier schon gegeben hat. Der Blumensaft muß da schon durch das Tier durchgegangen sein. So daß man sagen kann: Bei der Biene ist es reiner Blumensaft noch, bei der Wespe, da ist es Blumensaft und Tiersaft, dafür härtere Zellen. Bei der Ameise ist das eigentlich Nährende nur noch der Tiersaft; daher keine Zellen mehr. Die Ameise hat nicht mehr die Kraft, Zellen zu bilden, sie muß überall, wenn sie auch aus Blumen noch etwas gewinnt, diesen Zusatz aus dem kleinen Tierstall haben; sonst kann sie nicht leben.

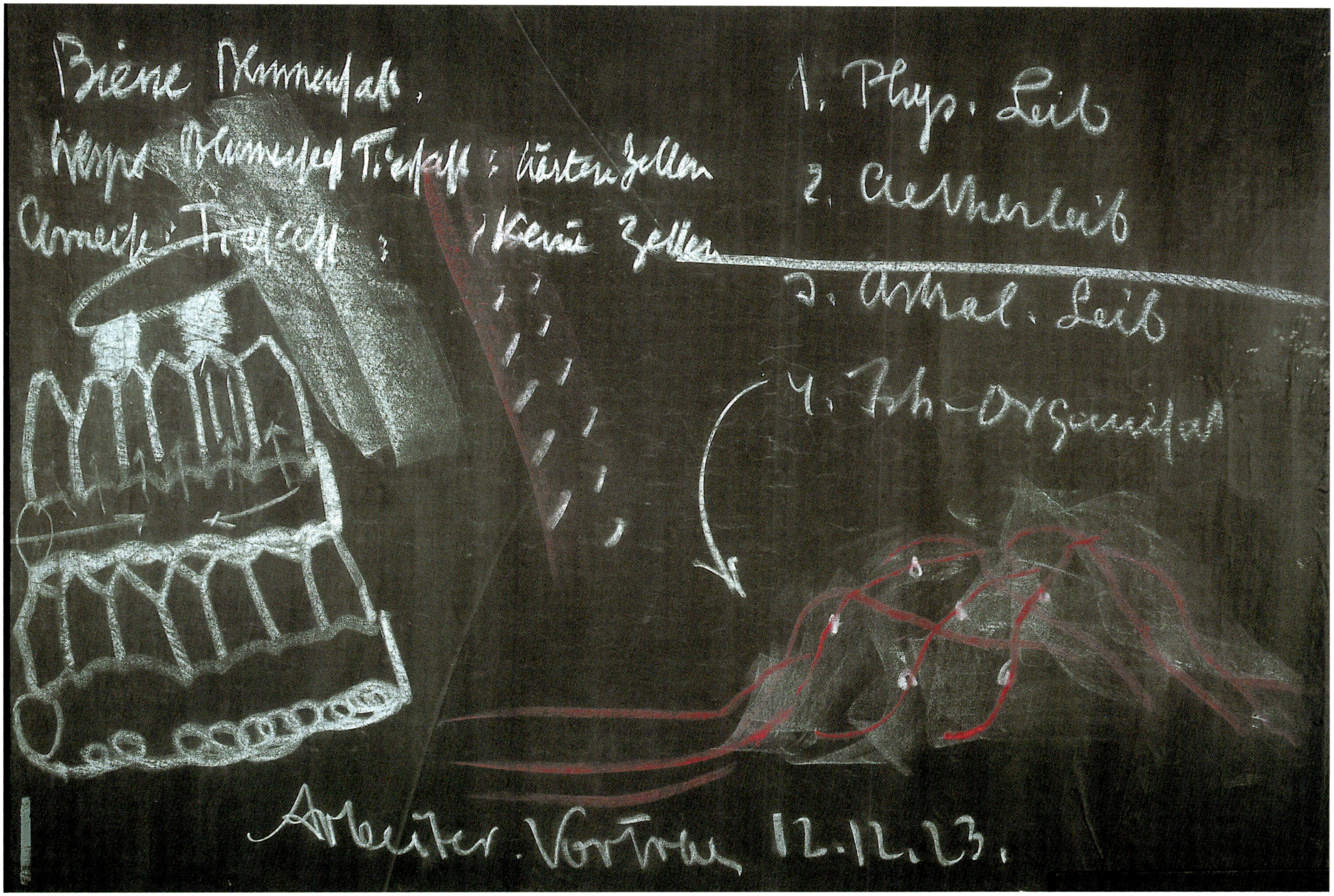
Biene Blumensaft.
Wespe Blumensaft Tiersaft : härtere Zellen
Ameise : Tiersaft : keine Zellen
1. Phys. Leib
2. Aetherleib
3. Astral. Leib
4. Ich-Organisation
Arbeiter. Vortrag 12.12.23.

Tafel 47

Sonst geht der Geist fort

Betrachten Sie jetzt den Zusammenhang. Hier haben wir den Menschen, hier die Erde. Betrachten wir zuerst den Menschen. Nehmen wir an, er ist ein junges Kind. Er verwandelt, wenn er ein junges Kind ist, mit Leichtigkeit die im Unterleib befindliche Kleesäure in Ameisensäure. Die Organe kriegen genug an Ameisensäure. Die menschliche Seele entwickelt sich im Kinde. Wir haben also die Ameisensäure als die Grundlage für Seele und Geist. Und wenn der Mensch alt wird und nicht mehr genügend Ameisensäure entwickeln kann, gehen die Seele und der Geist fort. Die Ameisensäure also, die zieht Seele und Geist heran; sonst geht der Geist fort. Es ist sehr interessant ...

Wenn man so einen sterbenden Menschen betrachtet, so hat man eigentlich das Gefühl: er probiert zunächst, indem er stirbt, ob sein Körper noch genügend geeignet ist, Ameisensäure zu entwickeln. Dann, wenn er nicht geeignet ist, tritt eben der Tod ein. Dann geht der Mensch in die geistige Welt über und er hält es eben in seinem Körper nicht mehr aus. So daß wir sagen können: Ein Mensch stirbt in einem gewissen Zeitpunkt. Dann vergeht eine lange Zeit und er kommt wiederum in einen anderen Körper. Dazwischen ist er in der geistigen Welt.

Wenn nun im Bienenstock eine junge Königin ausschlüpft, dann ist, wie ich Ihnen gesagt habe, etwas in den Bienen, was diese Bienen stört. Vorher leben die Bienen in einer Art Dämmerung. Dann sehen sie diese junge Königin aufleuchten. Was ist denn verknüpft mit diesem Aufleuchten dieser jungen Königin? Mit diesem Aufleuchten der jungen Königin ist das verknüpft, daß die junge Königin der alten Königin die Kraft des Bienengiftes wegnimmt. Und das, meine Herren, ist die Furcht des ausziehenden Schwarmes, daß er das Bienengift nicht mehr hat, sich nicht mehr wehren, retten kann; er zieht weg. Geradeso wie die menschliche Seele wegzieht im Tode, wenn sie nicht mehr die Ameisensäure haben kann, so zieht die alte Bienenbrut weg, wenn nicht genug verwandelte Ameisensäure – Bienengift – da ist. Und wenn man jetzt den Bienenschwarm anschaut, so ist der zwar sichtbar, aber er schaut just so aus wie die Menschenseele, die den Körper verlassen muß. Es ist ein großartiges Bild, so ein fortschwärmender Bienenschwarm. Wie die Menschenseele den Körper verläßt, so verläßt, wenn die junge Königin herangewachsen ist, die alte Königin mit ihrem Anhang den Bienenstock, und man kann richtig am ausziehenden Schwarm ein Bild von der ausfliegenden Seele des Menschen sehen.

Ameisensäure als Grundlage für Seele u. Geist
Ameisensäure als Grundlage für Erdseele u. Erdgeist

Tafel 48

Das Geheimnis des hundertjährigen Kalenders

Die Venus wird auf der anderen Seite, wenn sie hier nicht beschienen wird, von der Sonne beschienen, sie frißt also gleichsam das Sonnenlicht auf, und wenn Sie sie dann anschauen in der finsteren Nacht, wo sie nicht beschienen ist, da speit sie es aus, phosphoresziert. In der Zeit, als der Mensch alles besser gesehen hat als jetzt – die Menschen haben ja alles besser gesehen, bessere Augen gehabt in früheren Zeiten –, hat er das auch gesehen. Sie wissen, die Brillen sind ja erst im 16. Jahrhundert aufgekommen; sie wären sicher früher aufgekommen, wenn der Mensch sie gebraucht hätte! Die Erfindungen und Entdeckungen kommen immer dann, wenn die Menschen sie brauchen. Die Menschen haben schon bessere Augen gehabt, und sie haben dieses Phosphoreszieren der Venus gesehen. Aber außerdem haben sie die Veränderung, die bewirkt wird, wenn die phosphoreszierende Venus da in die Sonne hereinkommt, auch wahrgenommen. Und daraus haben sie in ganz alten Zeiten den Schluß gezogen, daß, weil da das Sonnenlicht einen Einfluß von der Venus hat, dieser selbe Einfluß nach ungefähr hundert Jahren wieder da ist; dann wird da auch eine ähnliche Witterung sein. So daß in einer solchen Gegend, wo man den Venusdurchgang sehen wird – Sie wissen ja, Sonnenfinsternisse sieht man auch nicht in allen Gegenden, sondern nur in gewissen Gegenden –, wieder eine ähnliche Witterung sein wird in hundert Jahren. Sehen Sie, daraus bildeten sie dann in gewissen Jahren einen Hundertjährigen Kalender. Dann haben die Leute, die nichts mehr verstanden haben von der Sache, in jedem Jahr einen Hundertjährigen Kalender gemacht. Dann finden sie in jedem Jahr: der Hundertjährige Kalender sagt das. Das stimmt nicht! Das geht dann nach der Lebensregel: Wenn der Hahn kräht auf dem Mist, ändert sich's Wetter oder's bleibt, wie's ist. – Aber darauf beruht die Sache überhaupt, daß ursprünglich ganz richtige Dinge da waren: Die Leute haben gesehen, wenn die Venus durch die Sonne durchgeht, dann bewirkt das eine Witterung, die sich dann irgendwo wiederholt nach ungefähr hundert Jahren.

Tafel 49

HEILPÄDAGOGISCHER KURS

GEISTESWISSENSCHAFTLICHE GRUNDLAGEN ZUM GEDEIHEN DER LANDWIRTSCHAFT

SPRACHGESTALTUNG UND DRAMATISCHE KUNST

Andacht zum Kleinsten

Die Menschen können im allgemeinen auf dem Gebiete der Pädagogik nichts erreichen, weil sie nicht ernsthaftig jemals eine Wahrheit in sich rege gemacht haben. Die besteht darin, daß Sie sich am Abend einleben in das Bewußtsein: In mir ist Gott, in mir ist Gott, oder der Gottesgeist, oder was immer - aber sich dieses nicht bloß theoretisch vorschwätzen, die Meditationen der meisten Menschen bestehen darin, daß sie sich etwas theoretisch vorschwätzen -, und am Morgen so, daß das hineinstrahlt in den ganzen Tag: Ich bin in Gott. - Bedenken Sie nur, wenn Sie diese zwei Vorstellungen, die ganz Empfindung, ja Willensimpulse werden, in sich rege machen, was Sie da eigentlich tun. Sie tun das, daß Sie dieses Bild vor sich haben: In mir ist Gott - und daß am nächsten Morgen Sie dieses Bild vor sich haben: Ich bin in Gott. - Das ist eines und dasselbe, die obere und untere Figur. Und Sie müssen einfach verstehen: das ist ein Kreis, das ist ein Punkt. Es kommt nur abends nicht heraus, es kommt nur morgens heraus. Morgens müssen Sie denken: das ist ein Kreis, das ist ein Punkt. Sie müssen verstehen, daß ein Kreis ein Punkt, ein Punkt ein Kreis ist, und müssen das ganz innerlich verstehen.

Sehen Sie, damit kommen Sie überhaupt erst an den Menschen heran. Denn wenn Sie sich erinnern an die Zeichnung, die ich Ihnen vom Stoffwechsel-Gliedmaßenmenschen und vom Kopfmenschen gegeben habe, bedeutet diese Zeichnung gar nichts anderes als die Ausprägung und Verwirklichung dessen, was jetzt in einer einfachen Weise in einer Meditationsfigur vor Sie hingestellt wird. Im Menschen ist das verwirklicht, daß der Ich-Punkt des Kopfes im Gliedmaßenmenschen zum Kreis wird, der natürlich konfiguriert ist. Und Sie lernen verstehen überhaupt den ganzen Menschen, wenn Sie in dieser Weise an ihn herangehen, wenn Sie versuchen, ihn innerlich zu verstehen. Aber zuerst müssen Sie dieses haben, daß die zwei Figuren, die zwei Vorstellungen ein und dasselbe sind, daß sie gar nicht unterschieden sind voneinander. Nur von außen angesehen sind sie verschieden. Da ist ein gelber Kreis, da ist er auch. Da ist ein blauer Punkt, da ist er auch. Warum? Weil das die schematische Figur des Kopfes ist, weil das die schematische Figur des Leibes ist. Aber wenn der Punkt sich behauptet in den Leib hinein, dann wird er eben zum Rückenmark; wenn der Punkt hier sich hineinbegibt, wird dasjenige, was er sein soll in der Kopforganisation, dann eben Rückenmarkansatz. Die innere Dynamik der Morphologie ergibt sich Ihnen einfach dadurch. Sie können eine Anatomie, eine Physiologie bekommen, indem Sie von dem ausgehend meditieren. Dann kriegen Sie schon die innere Intuition, inwiefern Ihr Oberkiefer und Ihr Unterkiefer Gliedmaßen sind, inwiefern der Kopf ein ganzer Organismus ist, der aufhockt oben - seine Gliedmaßen sind verkümmert -, in der Verkümmerung sie umbildet zu Kiefern, und Sie bekommen die Anschauung, wie in einem polarischen Gegensatz Zähne stehen und Zehen. Sehen Sie sich nur einmal die Ansätze der Kieferknochen an, so werden Sie die verkümmerte Zehenbildung, die verkümmerte Fuß- und Handbildung darin wahrnehmen.

Aber es darf eben die Meditation, die in solchen Dingen wirkt, nicht die Stimmung haben, meine lieben Freunde: Ich will mich innerlich in ein warmes Nest legen, es soll mir immer warm und wärmer werden -, sondern es muß die Stimmung vorliegen, daß man in die Wirklichkeit untertaucht, daß man die Wirklichkeit ergreift. Andacht zum Kleinen. Ja zum Kleinsten.

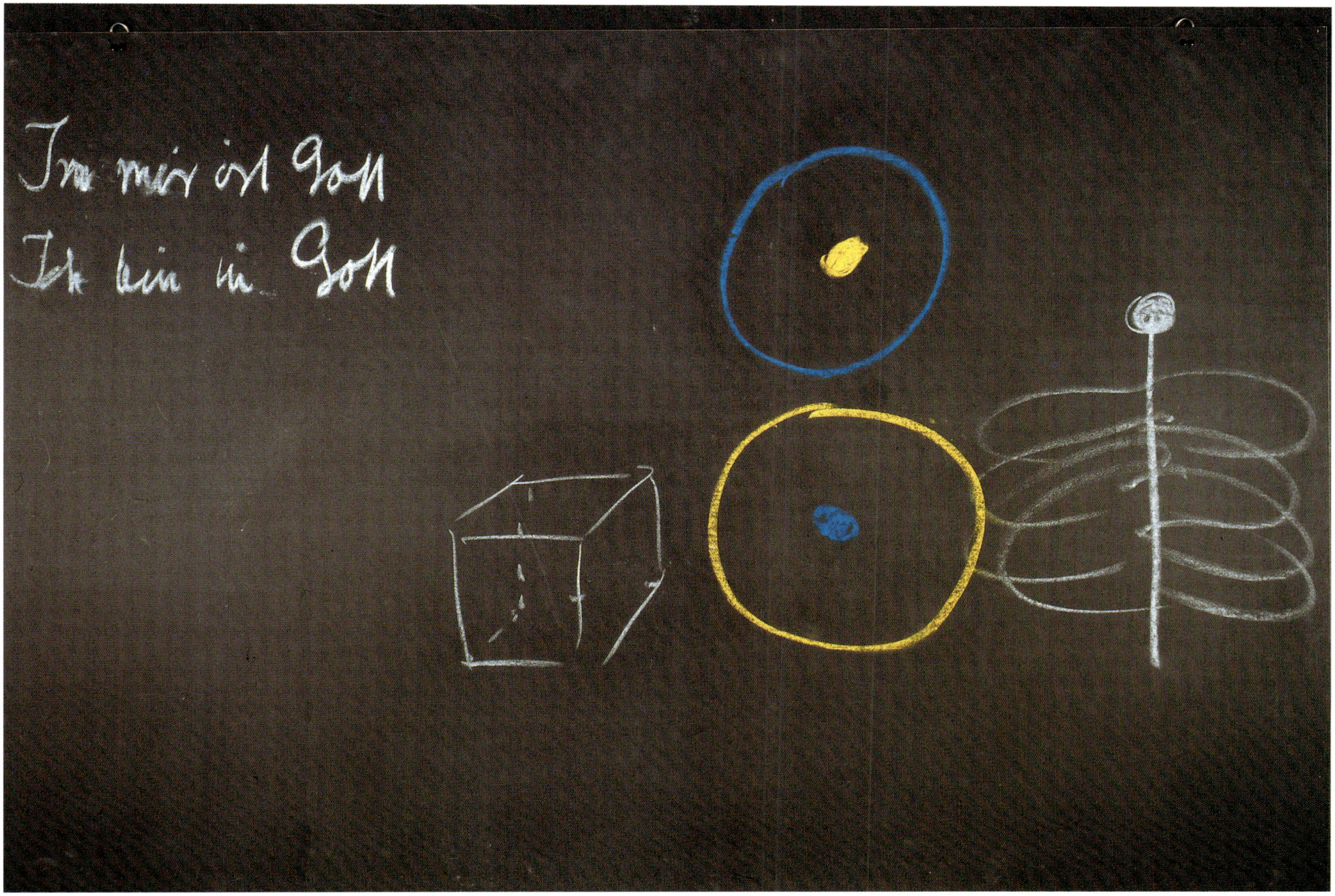

Tafel 50

Das rechte Mass
Pflanze – Tier

Der Mensch weiß heute notdürftig, wie sich die Luft - ich habe ja davon gesprochen - im Innern der Erde benimmt, aber er weiß fast gar nichts davon, wie sich das Licht im Innern der Erde benimmt. Er weiß nicht, daß das, was gerade das kosmische Gestein, das Kieselige ist, das Licht aufnimmt in die Erde und da das Licht zur Wirksamkeit bringt, dagegen dasjenige, was dem Irdisch-Lebendigen nahesteht, die Humusbildung, das Licht nicht aufnimmt, nicht zur Wirkung bringt in der Erde und daher lichtloses Wirken erzeugt. Aber das sind Dinge, die gewußt werden, durchschaut werden müssen.

Nun aber dasjenige, was auf der Erde als Pflanzenwachstum ist, ist noch nicht alles, sondern zu einem bestimmten Erdgebiete gehört ebenso ein bestimmtes Tierisches. Vom Menschen können wir aus Gründen, die auch noch zutage treten werden, absehen. Aber vom Tierischen können wir nicht absehen; denn es besteht das Eigentümliche, daß die beste, wenn ich so sagen soll, kosmische qualitative Analyse sich selber vollzieht im Zusammenleben eines gewissen mit Pflanzen bewachsenen Gebietes mit dem, was an Tieren in diesem Gebiete lebt. Es besteht das Eigentümliche - und ich wäre froh, wenn die Dinge eben nachgeprüft würden, weil die Nachprüfung ja sicher die Bestätigung ergeben würde -, es besteht die Beziehung, daß, wenn man das richtige Maß von Kühen, Pferden und anderen Tieren auf irgendeiner Landwirtschaft hat, diese Tiere alle miteinander gerade so viel Mist geben, als man braucht für die Landwirtschaft, als man braucht, um dem Chaosgewordenen noch etwas dazuzusetzen. Und zwar, wenn man die rechte Anzahl Pferde, Kühe, Schweine hat, so ist auch das Mischungsverhältnis im Mist das Richtige. Das hängt zusammen damit, daß die Tiere das richtige Maß dessen, was ihnen da kommt vom Pflanzenwachstum, verzehren, fressen, weil die Tiere das richtige Maß dessen, was die Erde hergeben kann an Pflanzen, fressen. Aus dem Grunde entwickeln sie auch im Verlaufe ihres organischen Prozesses soviel Mist, als notwendig ist, um wieder der Erde zurückgegeben zu werden. Eigentlich gilt da das - man kann es nicht ganz durchführen, aber in idealem Sinne ist das richtig -, daß man, wenn man genötigt ist, irgendwelchen Mist von außen zu beziehen, diesen nur zu benutzen, zu behandeln hat als ein Heilmittel für eine schon erkrankte Landwirtschaft. Gesund ist sie nur insofern, als sie sich den Mist durch ihren Tierbestand selber gibt. Das erfordert natürlich, daß man eine richtige Wissenschaft davon entwickelt, wieviel Tiere man von einer gewissen Sorte in einer bestimmten Landwirtschaft braucht.

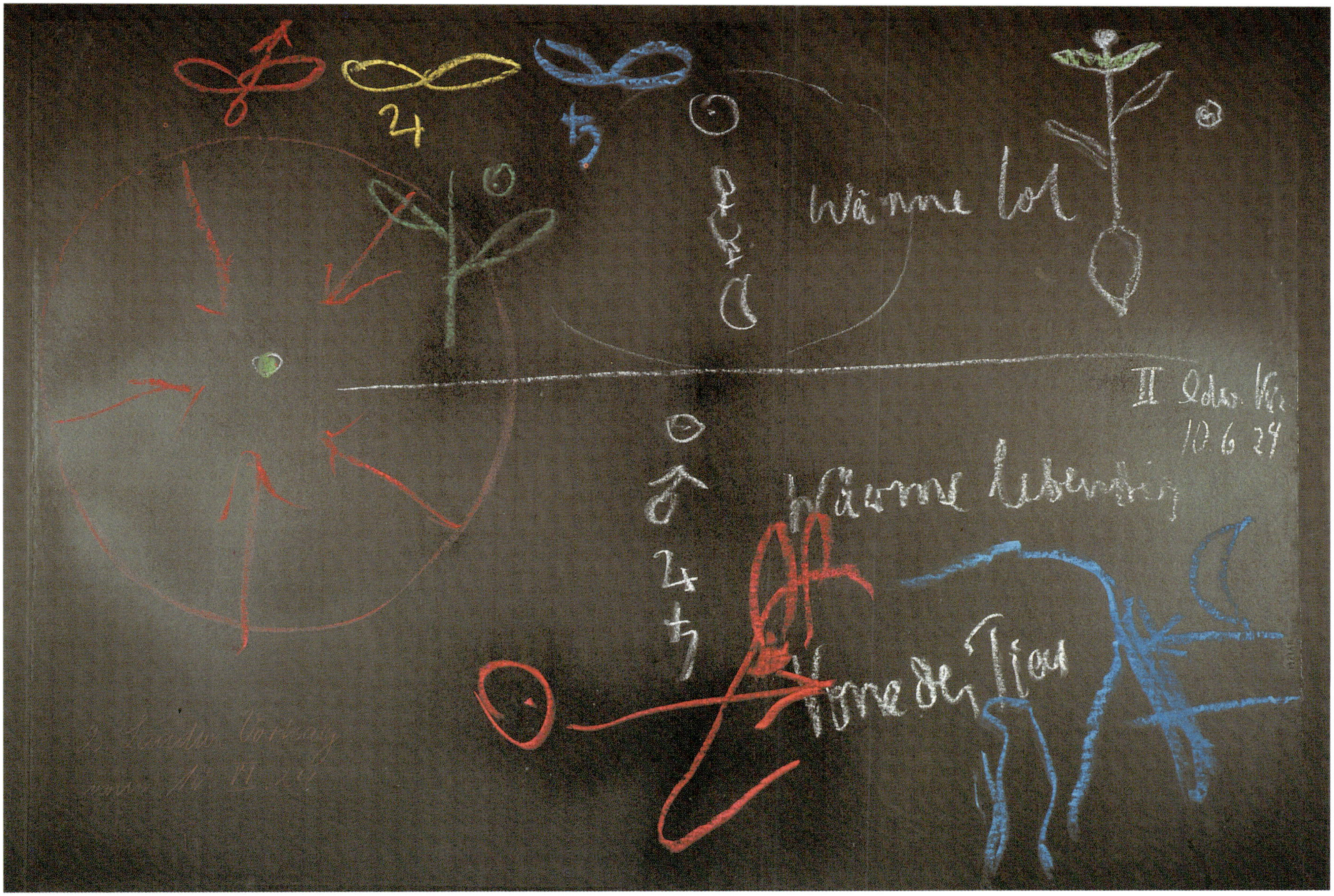

Tafel 51

Das ist ja das Eigentümliche

Das ist ja das Eigentümliche bei allem, was wir auf der Erde haben, daß das Geistige immer physische Träger haben muß. Die Materialisten nehmen dann nur die physischen Träger und vergessen das Geistige. Sie haben immer recht, weil ja das Nächste, was uns entgegentritt, der physische Träger ist. Aber sie lassen eben durchaus außer acht, daß Geistiges überall einen physischen Träger haben muß. Und dieser physische Träger des Geistigen, das im Ätherischen wirkt - wir können sagen, im Ätherischen wirkt das niederste Geistige -, dieser physische Träger, der von dem Ätherischen durchzogen wird, also so durchzogen wird, daß der Äther sich gewissermaßen wiederum befeuchtet mit dem Schwefel und nun in das Physische hineinführt dasjenige, was es nun nicht in Gestaltung, nicht im Gerüste-Bauen, sondern in einer ewigen Beweglichkeit, Lebendigkeit, in dieses Gerüstwesen hineinzutragen hat, dieses Physische, das da aus dem Äther mit Hilfe des Schwefels die Lebenswirkungen hineinträgt, das ist der Sauerstoff. So daß Sie also dasjenige, was ich hier grün skizziert habe, sich auch vorstellen können, wenn Sie es als physischen Aspekt betrachten, daß das den Sauerstoff und auf dem Wege des Sauerstoffs die wallende, vibrierende, webende Wesenheit des Ätherischen darstellt.

Tafel 52

Das Bühnenbild

Der Eindruck des Lebendigen, des Realistischen, geht gerade hervor, wenn man der Bühne ansieht, daß ihr Bild aus in lebendige Phantasie umgegossenen Träumen entstanden ist.

Tafel 53

QUELLENNACHWEIS DER WANDTAFELZEICHNUNGEN UND TEXTAUSZÜGE

Sämtliche nachfolgend angeführten Vorträge sind erschienen
in der von der Rudolf Steiner Nachlaßverwaltung herausgegebenen
RUDOLF STEINER GESAMTAUSGABE (GA)
im Rudolf Steiner Verlag, Dornach/Schweiz

Tafeln 1–20

Der Mensch als Zusammenklang des schaffenden, bildenden und gestaltenden Weltenwortes

Zwölf Vorträge, gehalten in Dornach/Schweiz vom 19. Oktober bis 11. November 1923 (GA 230)

Tafel 1 ERSTER VORTRAG, 19. Oktober 1923
Der Mensch als Mikrokosmos. Gestaltungs- und Bildungskräfte. Das Vogelgeschlecht. Der Mensch als Zusammenfassung von Adler, Löwe, Stier. Korrespondenzen des innerlich Menschlichen mit dem, was draußen im Kosmos ist. Künstlerische Auffassung von Gestaltungen. Das Künstlerische als Erkenntnisprinzip.

Tafel 2 ZWEITER VORTRAG, 20. Oktober 1923
Tafel 3 Sonnendurchglänzte Atmosphäre und Tierkreis. Die Regionen des Universums. Die Beziehungen des Menschen zum Planetensystem. Die Dreiheit der Rufe. Die Gefahren der Lockrufe. Das Gesetz des Zusammenklingens der Schwingungen. Die Lehren des Dreigetiers: Schriftzeichen des Weltenalls. Des Menschen Dreispruch zum Ausgleich der Einseitigkeiten, zur Vergeistigung der mechanistischen Zivilisation der Erde. Kosmischer Symbolismus.

Tafel 4 DRITTER VORTRAG, 21. Oktober 1923
Die physische Substanz der Erde und die geistige Substanz der Seele. Geistige und irdisch-physische Kräfte. Der Mensch als physisch-geistig-substantielles und als dynamisches Wesen. Die karmische Verschuldung des Menschen der Erde gegenüber. Der Ausgleich durch die kosmischen Wesenheiten. Das Geheimnis der aus dem Kosmos kommenden Kräfte des Tierkreises, die sich in den Tieren ausgestalten. Das kosmische Rätsel des Dreigetiers.

Tafel 5 VIERTER VORTRAG, 26. Oktober 1923
Tafel 6 Die Metamorphosen der Erdenentwicklung und deren Nachwirkungen im heutigen Erdenzustand. Die in der Insektenwelt wirksamen kosmischen Kräfte. Schmetterlingsnatur und Pflanzenwesenheit. Die Notwendigkeit der Metamorphose abstrakter Gedanken zum Künstlersinn. Künstlerische Bewegung muß in die abstrakten Gedanken hineinkommen.

Tafel 7 FÜNFTER VORTRAG, 27. Oktober 1923
Tafel 8 Die Vergeistigung der Materie durch Schmetterlinge und Vögel. Kosmische Ökonomie. Schmetterlings- und Vogel-Geisteslicht. Wärmeleichtigkeit der Vögel und Dämmerungsschwere der Fledermäuse; ihre Weltenangst. Ihre abgesonderte Geistmaterie: Nahrung des Drachen. Der Schutz davor liegt für den Menschen im Michael-Impuls.

Tafel 9 SECHSTER VORTRAG, 28. Oktober 1923
Tafel 10 Der Unterschied in der kosmischen Heranbildung des Menschen und der höheren Tiere. Gleichzeitig mit dem Wachsen des Menschen nach unten bilden sich die verschiedenen Tierklassen. Das Miterleben des kosmischen Lebens durch die Erde. Reptilien und Fische. Der Mensch im Zusammenhang mit den Tieren. Die Brücke zu dem Reich der Pflanzen. Die Bedeutung des Mineralischen.

Tafel 11 SIEBENTER VORTRAG, 2. November 1923
Tafel 12 Das pflanzliche Dasein. Die Wurzelgeister, Wasserwesen, Luft- und Feuergeister. Ihr Arbeiten an der Pflanzenwelt. Das Hinausstrahlen des durchgeistigten Physischen in den Weltenraum. Der geistige Vorgang des Pflanzenwachstums. Das Ineinanderwirken der abwärtsströmenden Liebe-Opferkraft und der aufwärtsströmenden Schwerekraft.

Tafel 13 ACHTER VORTRAG, 3. November 1923
Die Antipathie der Gnomen zu den niedern Tierwesen, zu denen sie eine Ergänzung sind nach oben, nach der Kopfseite; ihre wache Beobachtungskraft. Die Undinen als ergänzende Wesen zu den Fischen und höheren Amphibien. Die Sylphen, eine Ergänzung nach der andern Seite, nach unten hin – für die Vogelwelt; die Feuerwesen – eine Ergänzung der Schmetterlingsnatur. Bösartige und gutartige Elementarwesen; ihre Aufbau- und Abbaukräfte; die Verschiebung der Sphären.

Tafel 14 NEUNTER VORTRAG, 4. November 1923
Tafel 15 Die Wahrnehmung und das Erleben der Naturelementarwesenheiten. Ihre Weltenworte, aus unzähligen Wesen zusammentönend in verschiedenen Nuancen. Es ist der letzte Ausklang des schaffenden, bildenden, gestaltenden Weltenwortes. Der Mensch ist ein Zusammenklang jenes Weltenwortes.

Tafel 16 ZEHNTER VORTRAG, 9. November 1923
Tafel 17 Stoffwechselprozesse und Zirkulationsvorgänge. Krankheiten und Heilungsvorgänge. Pädagogische Kunst und Therapie.

Tafel 18 ELFTER VORTRAG, 10. November 1923
Tafel 19 Die Verwendung des Mineralischen im Menschen. Seine Umwandlung in Wärmeäther. Vom Menschen gehen die Kräfte hinauf in menschlicher Weise zu den höheren Hierarchien. Die Pflanzenwelt ist der äußere Naturspiegel des menschlichen Gewissens. Die Vergeistigung des Pflanzlichen bei der Aufnahme in den menschlichen Organismus. Die Gestaltung der Pflanzennahrung im Tier.

Tafel 20 ZWÖLFTER VORTRAG, 11. November 1923
Die Quellen des Moralisch-Geistigen in der Menschheit: Menschenverständnis und Menschenliebe. Moralische Kälte und moralischer Haß im physischen Abbild des Menschen. Die Arbeit der Hierarchien an der Umwandlung der Geistgestalt des Menschen.

Tafeln 21–25

Das Miterleben des Jahreslaufes in vier kosmischen Imaginationen

Fünf Vorträge, gehalten in Dornach/Schweiz vom 5. bis 13. Oktober 1923 (GA 229)

Tafel 21 ZWEITER VORTRAG, 6. Oktober 1923
Tafel 22 *Die Weihnachts-Imagination.* Erde kosmisch gesehen ein Quecksilbertropfen. Wirkung kleinster Verdünnungen (Kolisko). Sulfur, Merkur- und Salzprozesse in den Jahreszeiten. Aschenbildung. Sonnen- und Mondenkräfte im Winter. Marienmutter und Jesuskind.

Tafel 23 DRITTER VORTRAG, 7. Oktober 1923
Tafel 24 *Die Oster-Imagination.* Metamorphosen des Kalks. Illusionen und Hoffnungen ahrimanischer und luziferischer Wesenheiten. Ahriman will die Erde und Menschen sklerotisieren, Luzifer alles Physische auflösen. Beide wollen die Menschheit austilgen. Zwischen Luzifer und Ahriman: Christus. Der Auferstandene. Raphael mit dem Merkurstab. Osterkult; Christus als Therapeut.

Tafel 25 VIERTER VORTRAG, 12. Oktober 1923
Die Johanni-Imagination. Das Geistige in der schlafenden Natur. Kosmischer Wille unten, kosmische Intelligenz oben. Uriels ernstes, warm leuchtendes Antlitz. Natürliches mit Moralischem verwoben. Das historische Gewissen. Geistvater, Stoffmutter, Sohn. Johanni-Imagination: Dreifaltigkeit, im Hintergrund Uriel. Die Mysterien der Höhe, der Tiefe und der Mitte.

Tafeln 26–31

Mysteriengestaltungen

Vierzehn Vorträge, gehalten in Dornach/Schweiz vom 23. November bis 23. Dezember 1923 (GA 232)

Tafel 26 ZWEITER VORTRAG, 24. November 1923
Die menschliche Temperamentsanlage als Merkmal der Vererbung. Die Anpassung des Menschen an umgebende Verhältnisse. Vom Leben des Menschen über die Todespforte hinaus. Der physiognomische Ausdruck der Geistgestalt im Hinblick auf ahrimanische und luziferische Wesenheiten. In Vererbungsanlagen wirken ahrimanische, in der Anpassung luziferische Kräfte. Die Gymnastik der Jugend in Athen und Sparta. Menschen des Südens und des Nordens in bezug auf Anpassung an äußere Verhältnisse. Der Vertrag zwischen den urweisen Lehrern der Menschheit mit ahrimanischen Mächten und luziferischen Wesenheiten. Ahrimanisches im aufsteigenden Nebel, Luziferisches im Farbenspiel der Wolken. Vom Bestreben im Menschen und in der Natur, Rhythmus und Ausgleich zwischen Gewalten des Ahrimanischen und des Luziferischen zu schaffen.

Tafel 27 VIERTER VORTRAG, 30. November 1923
Der Zusammenhang des Menschen mit dem Erdenplaneten. Vom Kristallischen innerhalb der Erde als Sinnesorgan der Erde. Der Erdenkörper aus dem Kosmos heraus geboren. Das Metallische in der Erde läßt sich als Selbständiges erleben. Die Metalle erzählen in zwei Formen das Schicksal der Erde. Die eine Form ist in der »Geheimwissenschaft« beschrieben, die andere Form beschreibt als »kosmische Poesie« die Heilbeziehungen der Metalle zum Menschen. Metalle im Feuer und deren Rückstrahlkräfte von der Peripherie des Weltenalls. Metallische Rückstrahlkräfte sind im Kind tätig, wenn es Gehen, Sprechen, Denken lernt. Wie Weltenkörper sich gegenseitig tragen, so tragen sich anthroposophische Erkenntnisse durch sich selbst.

Tafel 28 FÜNFTER VORTRAG, 1. Dezember 1923
Tafel 29 Die Erdbeschaffenheit seit dem lemurischen Zeitalter und etwas weiter zurück. Eine vom Kosmos belebte und vom Weltenäther durchwärmte Eiweiß-Atmosphäre umgab die Erde. Die Ablagerung von Kieseligem, dem heutigen Urgestein. Das Herausziehen der Pflanzenwelt aus dem Kosmos in die Eiweiß-Atmosphäre, ergrünend und vergrünend, entstehend und vergehend. Das Kalkige bewirkt Tierbildungen. Pflanzen und Tiere als Absonderungen des Menschenwesens bei seinem Herabsteigen vom Himmel auf die Erde. Die Wirkung von Sauerstoff und Schwefel auf die vegetabilisch-animalische Schöpfung. Vorbereitung des noch nicht individualisierten irdischen Menschenwesens zum wollenden, fühlenden und denkenden Wesen. Die Erinnerung der Metalle an die Vorgänger der Erde. In Farbenvorgängen sich bildende Gestaltungen im Sonnen- und Saturndasein. Die Verzauberung der Metalle auf der Erde und die Entzauberung der Metalle, wenn der Mensch auf Erden ein freies Wesen ist.

Tafel 30 SECHSTER VORTRAG, 2. Dezember 1923
Die Beziehung zwischen dem Anfang des Johannes-Evangeliums und den Mysterien des Tempels in Ephesus. Die Empfindung des Wortes als Grundstimmung beim Mysterien-Unterricht in Ephesus. Verwandlung der Luft beim Sprechen in das nächste Element, Hinaufsenden des Feuers und Herunterholen des Wortes als flüssiges Element. Der Gedanke als dem Feuer, das Gefühl als dem Wasser verbunden. Die Sprüche zum Eintreten und Heraustreten am Tore des Tempels in Ephesus. Das Wissen des Schülers um sein Verbundensein mit den Weltgeheimnissen. Vom Erklingen des Weltenwortes bei der Erinnerung der Metalle. Geheimnisse beim Vergleich von Skeletten. Das Werden der Welt in verschiedenen Schichten: Luft-Wasser-Erde, später Wärme-Luft-Wasser-verdichtete Erde. Pflanzenwerden und Tierwerden in Verbindung zum Kieseligen und Kalkigen und auch zum Weltgedanken und Weltenwort. Der Goetheanum-Brand, auch eine Mahnung an die Flammen von Ephesus. Die Aufforderung, den Mikrologos im Mikrokosmos zu ergründen zum Verständnis des Makrokosmos durch den Makrologos.

Tafel 31 NEUNTER VORTRAG, 9. Dezember 1923
Die Wesensart der hybernischen Mysterien. Erlebnisse und Bewußtsein des hybernischen Schülers im Verlauf der Einweihung. Christliche Mysterien in Hybernia bereits vor dem Mysterium von Golgatha. Das geistige Schauen dessen, was zugleich in Palästina geschah. Nachrichten zur historischen Geschichte bis zum 10. nachchristlichen Jahrhundert. Zwei Strömungen der Nachrichten aus Palästina: Eine über Griechenland und Rom, auf den Verstand bezogen, die andere von Hybernia kommend, auf spirituelle Verinnerlichung bezogen. Der Ausdruck dieser Ströme in der Kunst. Die Verfinsterung des spirituellen Lebens bei Erstarken der Verstandeskräfte. Spirituelle Offenbarungen im Werke des Johann Valentin Andreä. Der Verstand bereitet das Zeitalter der Freiheit vor. Der heute erschwerte Zugang zu hybernischen Mysterien als Anlaß, sich ihm aus eigener innerer Aktivität zu nähern.

Tafeln 32–34

Die Weltgeschichte in anthroposophischer Beleuchtung und als Grundlage der Erkenntnis des Menschengeistes

Neun Vorträge, gehalten in Dornach/Schweiz vom 24. Dezember 1923 bis 1. Januar 1924 (GA 233)

Tafel 32 FÜNFTER VORTRAG, 28. Dezember 1923
Die besondere Stellung des Mysteriums von Ephesus – Alexander der Große
Der Charakter der orientalischen Mysterien: die Gegenwart des Göttlich-Geistigen; das Erleben des Zusammenhanges von Natürlichem und Moralischem; das Erleben der Verwandtschaft des Menschen mit der Pflanzenwelt, der Befreiung gegenüber der Tierwelt; die Abhängigkeit der Offenbarung von Raum und Zeit. Der Charakter der griechischen Mysterien: das Erleben der Schattenbilder des Göttlich-Geistigen; Unabhängigkeit der Offenbarung von Raum und Zeit, ihre Abhängigkeit von Vorbereitung und Reife des einzelnen Menschen. Ephesus: der Nachklang unmittelbarer Geistrealität, aber schon in Unabhängigkeit von Raum und Zeit. Der Abstieg Griechenlands aus einer »göttlichen« in eine rein irdische Zivilisation; Beginn der Geschichtsschreibung durch Herodot; Ephesus als letzte geistige Orientierungsstätte. Die Bedeutung des Zusammenfalls von der Geburt Alexanders und dem Brand von Ephesus. Der Impuls Alexanders, ein geistiges Ephesus zu begründen. Gründung der Akademien in Ägypten und Asien; Alexandrien. Das Ende der orientalischen, nur imaginativ erfaßbaren Geschichte durch das Heraufkommen der römisch-westlichen Welt.

Tafel 33 SECHSTER VORTRAG, 29. Dezember 1923
Zwischen der Offenbarung Asiens und der gegenwärtigen Wirkungsgeschichte des Aristotelismus
Die Übergangszeit zwischen Alexander und Julian Apostata. Die Kultur davor: getragen von den Impulsen der Mysterien; danach: vom Persönlichkeitsprinzip. Der Zusammenhang der Weltengliederung nach Geisterland, Seelenwelt und physischer Welt mit der Gliederung des welthistorischen Prozesses. Die Verwandlung der Erinnerungsfähigkeit zum persönlichen Zeitgedächtnis; Geschichtsschreibung; Tradition. Das Mysterium von Golgatha und die Mysterien von Hybernia. Das Fortwirken der Impulse des Aristoteles: durch Alexander dringt das Naturgeist-Wissen in den Osten, erst im Mittelalter abgeschwächt in das Abendland; durch Theophrast gelangen die logischen Schriften in den Westen. Der Charakter der aristotelischen Logik als geistige Schulung. Fortleben des aristotelischen Naturgeist-Wissens in der Unscheinbarkeit der Volksweisheit. Paracelsus, Böhme u. a. Der Abstieg der geistigen Bildung seit Griechenland: Gymnast, Rhetor, Doktor.
Die letzten Ausläufer des Aristotelismus im 19. Jahrhundert ermöglichen gerade noch ein Wiederanknüpfen an die alte Offenbarung. Der Brand von Ephesus und der Brand des Goetheanum.

Tafel 34 SIEBENTER VORTRAG, 30. Dezember 1923

Das Verlorengehen des Wissens um den Zusammenhang des Menschen mit der Welt in der Neuzeit

Der letzte große historische Einschnitt: der Übergang in das Zeitalter der Bewußtseinsseele. Das Wissen noch im Mittelalter um die Entsprechung von Mikrokosmos und Makrokosmos. Die Unterschiedlichkeit der Metalle in der Natur oder im Menschen; feinste Arten des Substanzaustausches zwischen Mensch und Kosmos. Der physische Mensch und die Kräfte der Erde. Die Kräfte des Weltenumkreises und der Ätherleib; Verdeutlichung dieser Kräfte am Eiweiß, insofern es Träger der Fortpflanzung ist. Ablesbarkeit des Wirkens der Erden- bzw. Umkreiskräfte an der menschlichen Gestalt: Beine, Kopf, Arme. Der Astralleib und die Kräfte von außerhalb des Raumes. Beispiele für das Sicheinfügen der irdischen Kräfte in das Ätherische bzw. in das Astral-Ätherische: Fortpflanzung der Gallwespe; die Beziehung von Biene, Blume und Wabenbau zu der Bildung der Quarzkristalle. Die Notwendigkeit erneuerter Einsicht in das Zusammenwirken der Wesensglieder des Menschen und den Zusammenhang mit den Naturreichen; die Grundlagen einer neuen Heilkunde. Die Beziehung der Ich-Organisation zu allem Mineralischen; die Ich-Organisation und die Wärme; die Verwandlung alles Festen, Flüssigen, Luftigen und Wärmehaften durch die Aufnahme der Ich-Organisation.

Tafeln 35–36

Mysterienstätten des Mittelalters Rosenkreuzertum und modernes Einweihungsprinzip

Zehn Vorträge, gehalten in Dornach/Schweiz
vom 4. bis 13. Januar und 19. bis 22. April 1924 (GA 233a)

Tafel 35 ERSTER VORTRAG, 4. Januar 1924

Die Erforschung der Weltentwicklung im 9./10. Jahrhundert noch aus dem Verständnis der Hierarchien: Die erste Hierarchie und das saturnische Dasein; Wärme. Die zweite Hierarchie und die Entwicklung zur Sonne; Licht und Luft. Die dritte Hierarchie und die Entwicklung zum Monde; Entstehung und Wesen der Farben. Die vierte Hierarchie, der ursprüngliche Mensch und die Erde; Entstehung des Lebens, des Festen, des Seelenerlebens. Die Wesensleere der modernen Weltanschauung.

Tafel 36 SIEBENTER VORTRAG, 19. April 1924

Der Zusammenhang des christlichen Osterfestes mit heidnischen Mysterienkulten. Zeremonie und Struktur des Adonis-Kultes im Herbst: Tod, Grabesruhe, Auferstehung. Der Kultus als Bild des in den Mysterien verborgenen Initiationsvorganges; dieser als Bild für reale geistige Weltvorgänge. Bewußtwerden des Todesgeheimnisses. Das Mysterium von Golgatha. Was in der alten Initiation von der Seele erlebt wurde, vollzog sich durch Christus in der ganzen Menschennatur. Was vorher räumliche Erhebung zum Sonnenwesen war, wurde nach Golgatha zeitliche Anschauung eines Irdisch-Historischen. Das neue Auferstehungsfest im Frühling. Der Wandel der Menschennatur ins Materialistische. Der Auferstehungsgedanke und die Anthroposophie.

Tafeln 37–38

Esoterische Betrachtungen karmischer Zusammenhänge

Siebzehn Vorträge, gehalten in Dornach/Schweiz
vom 6. April bis 29. Juni 1924 (GA 236)

Tafel 37 DREIZEHNTER VORTRAG, 30. Mai 1924
Das Verständnis für karmische Zusammenhänge kann nur gewonnen werden durch das Einsehen dessen, was hinter dem gewöhnlichen Bewußtsein vor sich geht, also durch die Betrachtung des menschlichen Wesens, wie es sich der übersinnlichen Erkenntnis ergibt. Durch die Übungen in der Überschau des Lebenstableaus kann der innerliche Zusammenhalt des seelischen Lebens mit dem physischen Leibe durchbrochen werden – trotz des Drinnensteckenbleibens –, sowohl in der imaginativen wie in der inspirierten Erkenntnis. Dann kann wahrgenommen werden, was am physischen Leibe war. Der physische Leib erscheint dann als Träger geistiger Wesenheiten. Unser Karma wird von den Göttern, die in uns sind, geformt. Freiheit tritt erst auf durch die Entwicklung der Bewußtseinsseele; das ist die eine Seite, die andere ist die Hierarchienseite des Menschen. Menschliches Schicksal ist Götterangelegenheit. Gelassenes Hinnehmen des Schicksals gibt die stärksten geistigen Impulse. Die Mysteriendichtungen Rudolf Steiners.

Tafel 38 VIERZEHNTER VORTRAG, 4. Juni 1924
Der Pfingstgedanke als Empfindungsgrundlage zum Begreifen des Karma. Die Wahrnehmbarkeit des Übersinnlichen im Kosmos. Himmelsbläue, Sternen-Leuchtekonfiguration, Geistselbstigkeit.

Tafel 39

Das Initiaten-Bewußtsein
Die wahren und die falschen Wege der geistigen Forschung

Elf Vorträge, gehalten in Torquay/England
vom 11. bis 22. August 1924 (GA 243)

Tafel 39 ZWEITER VORTRAG, 12. August 1924
Die drei Welten und ihre Spiegelbilder. Bewußtseinsunterschiede der alten und der neuen Zeit. Die naturhaft schaffende Phantasie des heutigen Traumes. Weitere Durchkraftung des Seelenlebens.

Tafel 40

Geisteswissenschaft als Erkenntnis der Grundimpulse sozialer Gestaltung

Sechzehn Vorträge, gehalten in Dornach/Schweiz
vom 6. August bis 11. September 1920 (GA 199)

Tafel 40 ACHTER VORTRAG, 22. August 1920
Die Ausgestaltung der drei Glieder der menschlichen Organisation in den verschiedenen Teilen der Erde: Die Bedeutung des Stoffwechselorganismus für die »alten« Orientalen und die Tendenz zu seiner Überwindung. Vom Wesen der Jogaübungen im alten Indien. Die Bedeutung des rhythmischen Systems für den Mitteleuropäer und sein Zusammenhang mit dem rechtlich-staatlichen Element. Wesenszüge der Scholastik. Die Bedeutung des Nerven-Sinnes-Systems für den westlichen Menschen. Über die Entwicklungsrichtungen der einzelnen Glieder des menschlichen Organismus innerhalb der verschiedenen Völkergruppen. Die neue Initiationswissenschaft und ihr Zusammenhang mit den Völkern sowie den drei Gliedern des sozialen Organismus.

Tafel 41

Die Erziehungsfrage als soziale Frage
Die spirituellen, kulturgeschichtlichen und sozialen Hintergründe der Waldorfschul-Pädagogik

Sechs Vorträge, gehalten in Dornach/Schweiz
vom 9. bis 17. August 1919 (GA 296)

Tafel 41 DRITTER VORTRAG, 11. August 1919
Ware, Arbeit, Kapital - drei Begriffe zum Verständnis des äußeren sozialen Lebens. Die moderne Nationalökonomie: Praxis ohne Theorie; die Sozialdemokratie: Theorie ohne Praxis. Die Notwendigkeit eines imaginativen Verständnisses der Welt für das soziale Leben der Zukunft. Imaginative Begriffe als Vorbedingung rechter Sozialisierung. Die Notwendigkeit der Durchdringung der Gesellschaft: 1. mit imaginativen Begriffen für das fühlende Verständnis der Ware - 2. mit inspirativen Begriffen für ein neues Arbeitsverständnis - 3. mit intuitiven Begriffen für die richtige Stellung des Kapitals im sozialen Organismus. Die Beziehungen zwischen Ware, Arbeit, Kapital. Voraussetzungen zum Erkennen der Bedeutung: 1. der Imagination für die Ware durch Brüderlichkeit im Wirtschaftsleben - 2. der Inspiration für die Arbeit durch Gleichheit im Rechtsleben - 3. der Intuition für das Kapital durch Freiheit im Geistesleben. Die Bedeutung der Neufindung des Zusammenhangs zwischen Wort und Geistigkeit.

Tafeln 42–43

Nationalökonomischer Kurs

Vierzehn Vorträge, gehalten in Dornach/Schweiz
vom 24. Juli bis 6. August 1922 (GA 340)

Tafel 42 ZWEITER VORTRAG, 25. Juli 1922
Die Preisbildung aus Kauf und Verkauf ist nicht mit scharf konturierten Begriffen zu fassen. Die drei Produktionsfaktoren: Natur, Arbeit, Kapital. Wesen der Arbeit im volkswirtschaftlichen Sinne: Natur modifiziert durch Arbeit: Wertbildung I. Die Arbeit modifiziert durch den Geist: Wertbildung II. Das Konstante hinter den fluktuierenden Werten. Polarität von Natur und Kapital.

Tafel 43 FÜNFTER VORTRAG, 28. Juli 1922
Der volkswirtschaftliche Prozeß als Kreislauf: Wertaufbau - Wertabbau. Entwertung und wertbildende Spannungen durch die Konsumtion. Personalkredit und Realkredit, ersterer verbilligt, letzterer verteuert. Stauung des Kapitals in Grund und Boden, dadurch Entstehung von Scheinwerten. Notwendigkeit des Kapitalverbrauchs bis auf einen Rest als »Saat«. Assoziationen müssen den volkswirtschaftlichen Prozeß regeln durch richtige Verteilung der arbeitenden Menschen. Der Preis hängt von der Menge der Arbeiter auf einem bestimmten Felde ab.

Tafeln 44–45

Die Erkenntnis des Menschenwesens nach Leib, Seele und Geist
Über frühe Erdzustände

Zehn Vorträge, gehalten vor den Arbeitern am Goetheanumbau in Dornach/Schweiz vom 2. August bis 30. September 1922 (GA 247)

Tafel 44 SIEBENTER VORTRAG, 20. September 1922
Über frühe Erdzustände (Lemurien)
Erdschlamm und Feuerluft. Drachenvögel, Ichthyosaurier und Plesiosaurier. Die Drachenvögel als Nahrung der Ichthyosaurier und Plesiosaurier. Vögel, pflanzenfressende Tiere und Megatherien. Die Erde: ein gestorbenes Riesentier.

Tafel 45 ZEHNTER VORTRAG, 30. September 1922
Adam Kadmon in Lemurien
Die Erde war einmal ein lebendiger Menschenkopf. Frühere Ernährung der Erde aus dem Weltenraum. Julius Robert Mayer. Die Sonne »frißt« Kometen. Meteorsteine: zerfallene Kometen. Ernährung der Erde durch die Sonne. Der embryonale Menschenkopf, ein deutliches Abbild von der Erde. Die Erde war einmal der Keim eines Riesenmenschen. Der Mensch war einmal die ganze Erde. »Das Antlitz der Erde« von Eduard Sueß. Entstehung der Tiere. Warum der Mensch so klein ist. Wir stammen alle von *einem* Menschen ab. Der Riese Ymir. Falsche Auslegung des Alten Testaments. Ausrottung des alten Wissens.

Tafeln 46–48

Mensch und Welt
Das Wirken des Geistes in der Natur
Über das Wesen der Bienen

Fünfzehn Vorträge, gehalten vor den Arbeitern am Goetheanumbau in Dornach/Schweiz vom 8. Oktober bis 22. Dezember 1923 (GA 351)

Tafel 46 SIEBENTER VORTRAG, 31. Oktober 1923
Über die Ursachen der Kinderlähmung – Vom Pflanzenwachstum
Über Pflanzen im Zimmer. Kinderlähmung. Nachweis der Wirkungen kleinster Mengen von Stoffen. Die Gesundheitsverhältnisse der Menschen hängen vom Pflanzenwachstum ab. Heilmittel für die Kinderlähmung. Holzsaft, Lebenssaft und Kambium beim Baum und bei der gewöhnlichen krautigen Pflanze. Was es für eine Bedeutung hat, wenn ganz kleine Mengen von Substanzen dem Boden beigemischt werden. Zusammenhang zwischen dem Boden und dem Kleinhirn. Grippe und Lähmung. In allen Lähmungserscheinungen steckt etwas, was mit dem Boden der Erde innig zusammenhängt. Zusammenarbeit von Naturwissenschaft und Heilmethode.

Tafel 47 DREIZEHNTER VORTRAG, 12. Dezember 1923
Vom Bienengift und von den Ameisen
Bienenkönigin, Arbeitsbienen und Drohnen. Befruchtungsflug der Bienenkönigin. Aus den befruchteten Eiern entstehen Arbeitsbienen und Königinnen, aus den unbefruchteten Eiern lauter Drohnen. Die Ich-Organisation des Menschen treibt eigentlich das Blut. Bienengift und Wespengift als Heilmittel bei Gicht und Rheumatismus. Bienenstiche. Drohnenbrütigkeit. Afterkönigin. Wespennester und Ameisenbauten. Blattlauskolonien der Ameisen.

Tafel 48 FÜNFZEHNTER VORTRAG, 22. Dezember 1923
Kleesäure, Ameisensäure, Kohlensäure und ihre Bedeutung in der Natur
Erinnerung an den Insektenforscher Jean-Henri Fabre. Geschicklichkeit der Holzbienen im Nestbau. In der Art, wie die Insekten bauen, lebt Verstand. Der Mensch ist ganz ausgefüllt mit Ameisensäure. Wozu wir eigentlich in unserem Körper Ameisensäure haben. Woran man erkennt, daß ein Mensch zu wenig Ameisensäure hat. Kleesäuregaben, wenn die Ameisensäure nichts hilft. Überall in der Natur und überall im menschlichen Körper findet sich die Kleesäure. Wir erzeugen immerfort in unserem Körper aus Kleesäure Ameisensäure. Durch das Heer der Insekten wird die Luft, die um die Erde herum ist, fortwährend mit Ameisensäure durchdrungen. Die Ameisensäure zieht Seele und Geist heran. Eiterprozesse. Die Ameisensäure ist die Grundlage für Erdseele und Erdgeist. Das Aufleuchten der jungen Bienenkönigin und die schwärmenden alten Bienen. Der Wacholderbaum als Bild der Belebung der Erde durch den Christus im moralischen Sinne.

Tafel 49

Die Schöpfung der Welt und des Menschen Erdenleben und Sternenwirken

Vierzehn Vorträge, gehalten vor den Arbeitern am Goetheanumbau in Dornach/Schweiz vom 30. Juni bis 24. September 1924 (GA 354)

Tafel 49 ELFTER VORTRAG, 13. September 1924
Über die Sonnenflecken. Die Bewegung der Erdoberfläche und ihre Auswirkungen auf die Witterungsverhältnisse. Die Abhängigkeit der Witterungsverhältnisse von Sonne und Mond. Über die Durchgänge der Venus. Wie Blitze entstehen.

Tafel 50

Heilpädagogischer Kurs

Zwölf Vorträge, gehalten vor Ärzten und Heilpädagogen in Dornach/Schweiz vom 25. Juni bis 7. Juli 1924 (GA 317)

Tafel 50 ZEHNTER VORTRAG, 5. Juli 1924.
Besprechung eines sechzehnjährigen Jünglings mit Verlangsamung der seelischen Prozesse. Ursache ist zu suchen im Nicht-Aufnehmen des in Kopforganisation Lebenden durch Stoffwechsel-Gliedmaßenorganisation; pädagogische Therapie. – Fall eines fünfzehnjährigen epileptischen Jungen, Medikation und pädagogische Therapie. – Fall eines Mädchens mit schwachem Astralleib, einem eingreifenden Ereignis im dritten bis vierten Lebensjahr. – Allgemeine Regeln für Erzieher: esoterischer Mut, die Andacht zum Kleinen, was dem entgegensteht und wie das Widerstrebende überwunden werden kann. Über Albinos, Horoskope, Aszendenz, Wesen.

Tafeln 51–52

Geisteswissenschaftliche Grundlagen zum Gedeihen der Landwirtschaft Landwirtschaftlicher Kurs

Acht Vorträge, eine Ansprache und vier Fragenbeantwortungen, gehalten in Koberwitz b. Breslau vom 7. bis 16. Juni und ein Vortrag in Dornach am 20. Juni 1924 (GA 327)

Tafel 51 ZWEITER VORTRAG, 10. Juni 1924
Die Kräfte der Erde und des Kosmos
Der Erdboden als wirkliches Organ. Die landwirtschaftliche Individualität. Lebendige Wechselwirkung. Das zurückgestrahlte Kosmische. Die innerliche Lebendigkeit. Kosmischer Chemismus. Kosmische Aufwärtsströmung. Das unmittelbar Terrestrische. Blütenwärme-Wurzelwärme. Die Kristallisationskraft. In der Zeit fortlebende Individualität. Das Samenchaos. Natürliche Humusbildung. Das ABC des ganzen Pflanzenwachstums. Das Sonnenhafte. Die große Umwandlung des Innern der Natur. Kosmische qualitative Analyse. Form- und Farbengestalt des Tieres. Struktur und Konsistenz seiner Substanz.

Tafel 52 DRITTER VORTRAG, 11. Juni 1924
Exkurs in die Tätigkeit der Natur: Die Wirkung des Geistes in der Natur
Bedeutung und Einfluß des Stickstoffs auf die gesamte landwirtschaftliche Produktion. Die Betätigung des Stickstoffs im Weltenall. Die Tätigkeit des Schwefels. Schwefel, der Träger des Geistigen. Die Bedeutung des Kohlenstoffs im Weltall. Der Kohlenstoff, der Träger aller Gestaltungsprozesse in der Natur. Der Sauerstoff unter und über der Erde. Der Sauerstoff, der Träger des lebendigen Äthers. Der Stickstoff über und in der Erde. Der Stickstoff, der Träger der Empfindung. Der Wasserstoff als Träger in die Weiten des Weltenalls. Die Eiweiß-Urstoffe und das Samenchaos. Kalk und Kiesel als Grundlage des Pflanzenwachstums. Die Schmetterlingsblütler. Der Ton.

Tafel 53

Sprachgestaltung und Dramatische Kunst

Neunzehn Vorträge, gehalten für Schauspieler in Dornach/Schweiz vom 2. bis 23. September 1924 (GA 282)

Tafel 53 FÜNFZEHNTER VORTRAG, 19. September 1924
Die Esoterik des Bühnendarstellers
Sie ist die Grundlage für das Herausarbeiten des Künstlerischen aus der geistigen Welt. Ohne sie tritt Routine ein, Manieriertheit oder unkünstlerischer Naturalismus. Der Schauspieler muß Instrument sein und auf der Organisation des eignen Leibes spielen können, aber auch fühlender, für alles sich interessierender Mensch. An dem in der Gestaltung erst objektiv Gewordenen muß er mit aller Kraft teilnehmen können. Durch Verinnerlichung wird er künstlerische Beweglichkeit erwerben. Ein Mittel dazu ist das sich Erinnern an die Gestalten der Träume, das immer wieder bewußt vor-die-Seele-Stellen der Traumerlebnisse. Die Bühnengeste soll man herausholen aus dem seelischen Erleben, dem empfindungsgemäßen Erleben des Dramas als einem Ganzen, dem traumhaften Überschauen des Gesamt-Tableaus als einem Ganzen. Imaginationen, Bilder und Phantasien gehören zum Wesen der Schauspielkunst.

Rudolf Steiner

LEBEN UND WERK

Eine Chronik

Kraljevec – Wiener-Neustadt

1861–1879 Am 27. Februar 1861 wird Rudolf Josef Lorenz Steiner als erstes Kind der aus Niederösterreich stammenden Eheleute Franziska und Johann Steiner in Kraljevec (damals Ungarn, heute Jugoslawien) geboren.
Der Beruf des Vaters, zunächst Telegraphist, dann Stationsvorsteher bei der österreichischen Südbahn, veranlaßt die Familie zu mehreren Wohnortwechseln: nach Mödling 1862, Pottschach 1863 und Neudörfl 1869.
Die Familie erweitert sich 1864 um die Schwester Leopoldine, 1866 um den Bruder Gustav.
Ab Schuljahr 1872/73 Besuch der Landesoberrealschule im benachbarten Wiener-Neustadt. Dort 1879 Abitur mit Auszeichnung.

Wien

1879–1883 Studium an der Technischen Hochschule, zunächst mit dem Ziel des Realschullehramtes. Hauptfächer: Mathematik, Physik, Botanik, Zoologie, Chemie; daneben Literatur, Geschichte, Philosophie.

1882 Auf Empfehlung des Literaturhistorikers und Goetheforschers Prof. Karl Julius Schröer Berufung als Herausgeber von Goethes naturwissenschaftlichen Schriften in Kürschners ›Deutsche National-Literatur‹.
Abhandlung *Einzig mögliche Kritik der atomistischen Begriffe;* Steiner bezeichnet sie später als den ›Grundnerv‹ seiner Forschungen.

1884–1890 Hauslehrer in der Wiener Kaufmannsfamilie L. Specht. Dort Begegnung mit Josef Breuer, dem ›Lehrer‹ Sigmund Freuds.
Der erste von Steiner bearbeitete Band von Goethes naturwissenschaftlichen Schriften erscheint 1884, die weiteren Bände 1887–1897.
Freundschaft mit der Dichterin und späteren Frauenrechtlerin Rosa Mayreder (›Kritik der Weiblichkeit‹) und Friedrich Eckstein, später Sekretär und Biograph Anton Bruckners.
Briefwechsel mit dem Philosophen Eduard von Hartmann. Neben der Arbeit an der Goethe-Ausgabe zahlreiche Artikel für verschiedene Lexika (u. a. Pierers Konversations-Lexikon) im Auftrag Prof. Kürschners.

1886 Erste Buchveröffentlichung: *Grundlinien einer Erkenntnistheorie der Goetheschen Weltanschauung.*
Anfrage des Weimarer Archiv-Direktors Erich Schmidt wg. Mitarbeit an der Weimarer Ausgabe (Sophienausgabe) von Goethes Werken.
Abhandlung *Die Natur und unsere Ideale,* ein ›Sendschreiben‹ an die Dichterin M. E. delle Grazie.

1888 Redakteur bei der Wiener ›Deutschen Wochenschrift‹. Zahlreiche Artikel und Kommentare zu politischen Ereignissen in Österreich-Ungarn.
Vortrag im Wiener Goethe-Verein über *›Goethe als Vater einen neuen Ästhetik‹.*

Weimar

1890–1897 Mitarbeiter am Goethe- und Schiller-Archiv. Herausgabe der naturwissenschaftlichen Schriften Goethes, die zwischen 1891 und 1896 erscheinen.
Begegnungen mit Herman Grimm, Ernst Haeckel, Eduard von Hartmann. Freundschaft mit der Dichterin Gabriele Reuter, dem Liszt-Schüler Conrad Ansorge, dem Stirner-Biographen John Henry Mackay, dem Nietzsche-Herausgeber Fritz Koegel und dem Dichter Otto Erich Hartleben.
Für die ›Cotta'sche Bibliothek der Weltliteratur‹ besorgt Steiner eine zwölfbändige Ausgabe sämtlicher Werke Schopenhauers sowie eine Jean-Paul-Ausgabe in acht Bänden. In der Reihe ›Berliner Klassiker Ausgaben‹ (mit »Einleitungen namhafter Literaturhistoriker«) erscheinen die Werke Wielands und Uhlands, herausgegeben und eingeleitet von Rudolf Steiner.

1891–1892 Promotion zum Dr. phil. an der Universität Rostock bei Prof. Heinrich von Stein mit einer Arbeit über »Die Grundfrage der Erkenntnistheorie mit besonderer Rücksicht auf Fichtes Wissenschaftslehre. Prolegomena zur Verständigung des philosophierenden Bewußtseins mit sich selbst.« Erscheint 1892 unter dem Titel *Wahrheit und Wissenschaft. Vorspiel einer Philosophie der Freiheit,* Eduard von Hartmann gewidmet.

1893 *Die Philosophie der Freiheit. Grundzüge einer modernen Weltanschauung* erscheint.

1894–1896 Besuche und Arbeitsaufenthalt im Nietzsche-Archiv. Bekanntschaft mit Elisabeth Förster-Nietzsche, die Steiner als Mitherausgeber der Werke ihres Bruders gewinnen will. Begegnung mit dem kranken Friedrich Nietzsche.

1895 Die Schrift *Friedrich Nietzsche, ein Kämpfer gegen seine Zeit* erscheint.

1897 Eine zusammenfassende Darstellung seiner bisherigen Goethe-Studien gibt Steiner in seinem Werk *Goethes Weltanschauung.*

Berlin

1897–1900 Herausgeber und Redakteur des ›Magazin für Litteratur‹ und der ›Dramaturgischen Blätter‹, Sprachrohr des Deutschen Bühnenvereins. Zahlreiche Aufsätze zu literarischen und philosophischen Fragen; Theaterkritiken, Buchbesprechungen.

1898–1905 Vorträge in der ›Freien Literarischen Gesellschaft‹, im ›Giordano Bruno-Bund‹, bei Gewerkschaftsveranstaltungen und im Literatenkreis ›Die Kommenden‹, dessen Leitung Steiner nach dem Tod Ludwig Jacobowskis übernimmt.
Begegnung mit Else Lasker-Schüler, Peter Hille, Stefan Zweig, Käthe Kollwitz, Erich Mühsam, Paul Scheerbart, Frank Wedekind. Freundschaft mit Ludwig Jacobowski und Otto Erich Hartleben.

1899 Veröffentlichung zahlreicher Aufsätze, darunter *Goethes Märchen von der ›grünen Schlange und der schönen Lilie‹,* ferner *Der Egoismus in der Philosophie* und *Haeckel und seine Gegner.*
Eheschließung mit Anna Eunike; sie stirbt 1911.

1899–1904 Lehrtätigkeit (Geschichte, Redeübungen, Literatur, Naturwissenschaft) an der von Wilhelm Liebknecht begründeten Berliner Arbeiterbildungsschule, ab 1902 auch in Spandau. Begegnung mit Kurt Eisner und Rosa Luxemburg.

1900 Der erste Band der *Welt- und Lebensanschauungen im neunzehnten Jahrhundert* erscheint; ein Jahr später folgt der zweite. Überarbeitet und erweitert erscheint dieses Werk 1914 unter dem Titel *Die Rätsel der Philosophie in ihrer Geschichte als Umriß dargestellt.*
Vorträge in der Theosophischen Bibliothek über Nietzsche und Goethes ›Märchen‹. Dort im Herbst Beginn des ersten Vortragszyklus. Thema: ›Die Mystik‹.
Erste Begegnung mit Marie von Sivers, die ab 1902 Rudolf Steiners engste Mitarbeiterin wird. Sie hatte zuvor eine Ausbildung in französischer Rezitationskunst am Pariser Konservatorium und in dramatischer Kunst in Petersburg absolviert. Übersetzerin mehrerer Werke von Edouard Schuré.

1901–1902 *Die Mystik im Aufgange des neuzeitlichen Geisteslebens und ihr Verhältnis zu modernen Weltanschauungen* erscheint.
Im Herbst Beginn des zweiten Vortragszyklus in der Theosophischen Bibliothek über *Das Christentum als mystische Tatsache,* der 1902 veröffentlicht wird.
Begegnung mit Annie Besant.
Ab Oktober 1902 Generalsekretär der Deutschen Sektion der Theosophischen Gesellschaft.

1902–1904 Lehrtätigkeit an der von den ›Friedrichshagenern‹ Bruno Wille und Wilhelm Bölsche begründeten Freien Hochschule.

1902–1912 Zusammen mit Marie von Sivers Aufbau theosophischer Logen im In- und Ausland. Rege Vortragstätigkeit sowohl öffentlich als auch im Kreise der Mitglieder der Theosophischen Gesellschaft. Dabei vertritt Steiner nicht die vor allem östlichen Traditionen verpflichtete Theosophie, sondern seine eigenen Forschungsergebnisse, nimmt aber immer wieder auch Bezug auf die klassische theosophische Literatur (Blavatsky u. a.).
Begründung, Herausgabe und Redaktion der Monatsschrift ›Luzifer‹, später ›Lucifer-Gnosis‹ (1903). Dort erscheinen grundlegende Aufsatzfolgen, darunter *Wie erlangt man Erkenntnisse der höheren Welten?, Theosophie und soziale Frage, Aus der Akasha-Chronik* und *Die Stufen der höheren Erkenntnis,* die später auch als einzelne Buchveröffentlichungen erscheinen.
Freundschaft mit Christian Morgenstern und Edouard Schuré. W. Kandinsky hört Vorträge Rudolf Steiners. Jeweils im Winterhalbjahr (ab 1903/04) öffentliche

Vortragsreihen im Berliner Architektenhaus, u. a. über *Ursprung und Ziel des Menschen, Metamorphosen des Seelenlebens, Antworten der Geisteswissenschaft auf die großen Fragen des Daseins.*

1904 Es erscheint *Theosophie. Einführung in übersinnliche Welterkenntnis und Menschenbestimmung.*

1907 In München Einstudierung und Inszenierung von Schurés ›Das heilige Drama von Eleusis‹ mit Marie von Sivers in der Hauptrolle.

1910 Veröffentlichung der Forschungsergebnisse zu kosmologischen und evolutionsgeschichtlichen Fragen in *Die Geheimwissenschaft im Umriß.*

1910–1913 Uraufführung von Rudolf Steiners vier *Mysterien-Dramen* unter seiner Leitung in München.
Entwurf eines Gebäudes für künstlerische Veranstaltungen und Vorträge (›Johannes-Bau‹). Die Realisierung dieses Projektes in München-Schwabing scheitert am Widerstand der Behörden.
Es erscheinen *Die geistige Führung des Menschen und der Menschheit* (1911), *Ein Weg zur Selbsterkenntnis des Menschen* (1912) und *Die Schwelle der geistigen Welt* (1913). Die 1910 begonnene Schrift *Anthroposophie* bleibt unvollendet.
Erste Beschäftigung mit der Entwicklung einer neuen Bewegungskunst (1911). Im Herbst erster Eurythmie-Kurs in Bottmingen bei Basel. In den folgenden Jahren Weiterentwicklung der Eurythmie zur Bühnenkunst.
Trennung von der Theosophischen Gesellschaft und Gründung der Anthroposophischen Gesellschaft (1913).
Zahlreiche Vortragsreisen und in enger Zusammenarbeit mit Marie von Sivers Aufbau anthroposophischer Zweige im In- und Ausland.

Dornach

1913–1919 Unter Rudolf Steiners Leitung und der Mitarbeit zahlreicher Künstler aus verschiedenen Ländern Errichtung des von ihm entworfenen »Goetheanum« in Dornach/Schweiz, ein plastisch-organisch in Holz gestalteter Doppelkuppelbau. Künstlerische Arbeiten: Plastische Innengestaltung, Kuppelmalerei, Skulptur (9 m hoch): Der Menschheitsrepräsentant. – Im Umkreis des Goetheanum entsteht nach und nach ein Ensemble von Wohn- und Zweckbauten nach Steiners Entwürfen (Haus Duldeck, Glashaus, Verlagshaus, Heizhaus, Atelierhaus, drei Eurythmiehäuser, Transformatoren-Haus).
In Dornach entsteht allmählich eine Künstlerkolonie; u. a. siedeln sich zahlreiche russische Künstler an. Unter ihnen Assja Turgenieff, Andrej Belyj, Margarita Woloschin.
Eheschließung mit Marie von Sivers (1914).
Große Vortragsreihen in verschiedenen Städten des In- und Auslandes über Reinkarnation und Karma, die Evangelien, das Leben zwischen Tod und neuer Geburt, Mysterien-Geschichte, Evolution, Zeitgeschichte u. a.

1917 Unter dem Titel *Von Seelenrätseln* erscheinen Steiners Forschungsergebnisse über die Dreigliederung des menschlichen Organismus und über das Verhältnis Anthropologie und Anthroposophie.
Nach Gesprächen mit Otto Graf Lerchenfeld über die politische Situation Mitteleuropas verfaßt Steiner zwei Memoranden, in denen er Perspektiven für eine soziale Neugestaltung des öffentlichen Lebens entwickelt. Diese werden an einflußreiche politische Persönlichkeiten in Deutschland und Österreich vermittelt.

1919 Eine in Zürich gehaltene Vortragsreihe über *Die soziale Frage* erscheint überarbeitet als Buch unter dem Titel *Die Kernpunkte der sozialen Frage in den Lebensnotwendigkeiten der Gegenwart und Zukunft.* – In ihr wird die Idee einer Entflechtung des Einheitsstaates in ein freies Geistesleben, ein demokratisches Rechtsleben und ein assoziatives Wirtschaftsleben entwickelt, die nun in zahlreichen Vorträgen vertreten wird.
In Vorträgen und Besprechungen mit Vertretern der Arbeiterschaft und mit Industriellen engagiert sich Steiner für die Begründung von Betriebsräten.
Nach intensiven Vorbereitungen wird im Herbst in Stuttgart die Freie Waldorfschule als einheitliche Volks- und Höhere Schule eröffnet. Die Schirmherrschaft liegt in den Händen des Direktors der Waldorf-Astoria-Zigarettenfabrik, Emil Molt. Die Leitung der Schule wird Rudolf Steiner übertragen, der diese Funktion bis zu seinem Tod 1925 innehat.

1920–1925 Neben den vielen öffentlichen Vorträgen in Deutschland und im Ausland und den großen Vortragszyklen für Mitglieder der Anthroposophischen Gesellschaft (u. a. *Entsprechungen zwischen Mikrokosmos und Makrokosmos, Anthroposophie als Kosmosophie, Der Mensch als Zusammenklang des schaffenden, bildenden und gestaltenden Weltenwortes* und *Esoterische Betrachtungen karmischer Zusammenhänge*) wird Steiner immer häufiger gebeten, Vorträge und Kurse über bestimmte Fachgebiete wie Pädagogik, Medizin, Nationalökonomie, Theologie, Landwirtschaft, Schauspielkunst, Heilpädagogik, Eurythmie u. a. zu halten.
Als Schulungsgrundlage für Maler schafft er eine Folge von Pastellskizzen und Aquarellbildern.
Anthroposophische Forschungsinstitute, Kliniken und weitere Schulen entstehen.
In den Zeitschriften ›Dreigliederung des sozialen Organismus‹ und ›Das Goetheanum‹ erscheinen regelmäßig Aufsätze Steiners.

1922–1923 In der Silvesternacht 1922/23 wird das Goetheanum durch Feuer zerstört. Die Arbeit – Vorträge und künstlerische Veranstaltungen – wird in der Schreinerei, die vom Brand verschont bleibt, unvermindert fortgeführt. Für einen zweiten, in Beton gestalteten Goetheanum-Bau (Fertigstellung 1928) kann Rudolf Steiner infolge seiner Erkrankung im Herbst 1924 nur noch ein Außenmodell schaffen.
Das Wachstum der anthroposophischen Bewegung fordert zu einer Revision der bisher gewachsenen Strukturen heraus. So kommt es an der Weihnachtstagung 1923 in Dornach zu einer Neukonstituierung der Anthroposophischen Gesellschaft, deren Vorsitz nun Rudolf Steiner selbst übernimmt, sowie zur Begründung der Freien Hochschule für Geisteswissenschaft, ebenfalls unter seiner Leitung.

1924–1925 Im Herbst 1924 Beginn des Krankenlagers. Die immens angewachsene Vortrags- und Kurstätigkeit bricht jäh ab. Während des Krankenlagers Fortsetzung der Niederschrift seiner Autobiographie *Mein Lebensgang*. In Zusammenarbeit mit der Ärztin Ita Wegman entsteht die Schrift *Grundlegendes für eine Erweiterung der Heilkunst*. In ›offenen‹ Briefen und ›Leitsätzen‹ wendet sich Rudolf Steiner regelmäßig an die Mitglieder und gibt ihnen Anregungen für eine spirituelle Vertiefung ihrer Arbeit.
Am 30. März 1925 stirbt Rudolf Steiner in Dornach.

Übersetzung eines Briefes von Piet Mondrian an Rudolf Steiner aus dem Französischen.

25. 2. 21 Paris
rue de Coulmiers 5

Sehr geehrter Herr,
Ich habe verschiedene Ihrer Bücher gelesen und würde gern wissen, ob Sie Zeit haben, meine Broschüre »Le Neo-Plasticisme«, die ich hier beilege, zu lesen.
Der Neo-Plastizismus scheint mir die Kunst der nahen Zukunft für alle wahren Anthroposophen und Theosophen zu sein. Der Neo-Plastizismus verwirklicht die Harmonie durch das Gleichgewicht zwischen den beiden Extremen: dem Universellen und dem Individuellen. Dem ersten durch *Offenbarung,* dem zweiten durch *Deduktion.* Die Kunst drückt plastisch die Entwicklung des Lebens aus: Entwicklung des Geistes und (aber in entgegengesetzter Richtung) Entwicklung der Materie. Sie konnte zu diesem relativen Gleichgewicht nur gelangen durch die Vernichtung der *Form* und ihrer Ersetzung durch ein neues plastisches Mittel – *universell.*
Ich würde gerne Ihre Ideen über diesen Gegenstand kennenlernen, wenn Sie Zeit haben mir zu antworten. Entschuldigen Sie, daß ich auf Französisch schreibe; ich kann nicht gut genug Deutsch.
Empfangen Sie, sehr geehrter Herr die Versicherung meiner großen Hochachtung.

P. Mondrian

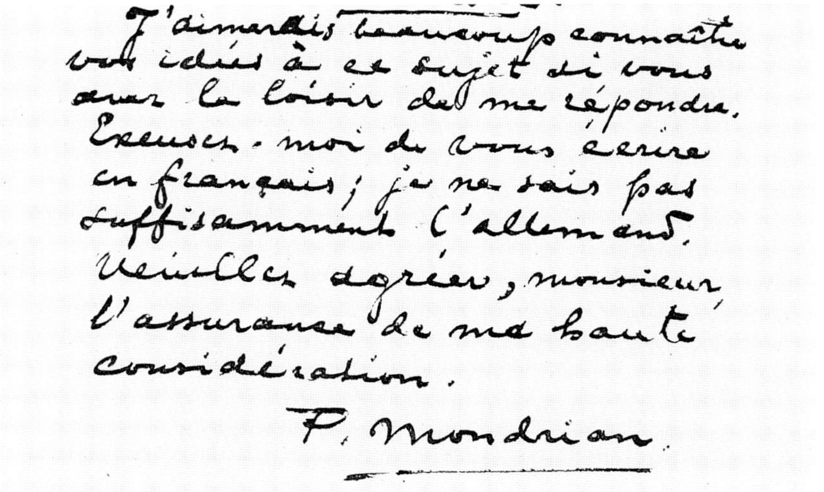
J'aimerais beaucoup connaître vos idées à ce sujet si vous avez le loisir de me répondre.
Excusez-moi de vous écrire en français; je ne sais pas suffisamment l'allemand.
Veuillez agréer, monsieur l'assurance de ma haute considération.
P. Mondrian